La comédie et le comique

Dérivé du latin *comœdia* et appliqué d'abord à toute pièce de théâtre quelle qu'elle fût, le terme « comédie » désigne, à partir du XVIᵉ siècle, au moment précisément où le genre renaît sous l'influence de l'humanisme après des siècles d'oubli, une pièce ayant pour but de divertir, sinon d'instruire, par la peinture de travers et de vices individuels ou sociaux. Mais il faut attendre le siècle suivant pour que la comédie soit véritablement définie, et encore ne l'est-elle que de façon négative, par opposition à la tragédie, dont elle se différencie « en la dignité des personnages, et des actions qu'ils imitent, et non pas en la façon de les imiter, ni aux choses qui servent à cette imitation » (Corneille, *Discours de l'utilité et des parties du poème dramatique,* 1660). Genre moyen, aux personnages « bas », à l'action « commune et enjouée », et au style « médiocre », la comédie est ce que la tragédie n'est pas, comme plus tard elle sera ce que le drame n'est pas. Genre mineur, elle reste implicitement au bas de la hiérarchie des genres dramatiques, objet de mépris pour les théoriciens, qui s'en occupent d'ailleurs beaucoup moins que de la tragédie ou qui l'envisagent dans un flou des déterminations et une indivision structurelle des genres, fréquente dans la poétique du temps.

Les épithètes pour la qualifier se multiplient, comme si le terme même de « comédie » ne suffisait pas à la définir, comme s'il servait seulement à délimiter une zone à l'intérieur de laquelle chaque épithète marquerait une spécification : comédie d'intrigue « à l'italienne » ou « à l'espagnole », comédie sentimentale, comédie de situation, comédie de mœurs, comédie de caractère, comédie moralisante, voire comédie-ballet, autant de variantes de ce qu'il est convenu d'appeler aujourd'hui la comédie classique ou comédie régulière, héritée de la comédie latine. D'autre part, les formes dramatiques nouvelles qui apparaissent au XIXᵉ siècle, que ce soient les fantaisies romantiques d'un Musset, les comédies-vaudevilles d'un Labiche, ou les comédies sérieuses d'un Augier ou d'un Dumas fils, si elles s'intitulent toujours « comédies », sont bien éloignées de la comédie traditionnelle telle que nous avons essayé de la définir. Que dire encore de la tendance contemporaine à délaisser le terme de « comédie » au profit de l'appellation neutre de « pièce », alors que rien ne distingue certaines de ces pièces des comédies véritables ? Il est dès lors évident que, selon les époques, le même terme ne recouvre pas une même réalité, et qu'une réalité semblable peut être décrite en termes variés.

N'est-ce là qu'un problème de terminologie né d'un manque de rigueur dans la définition du genre ? La difficulté ne tient-elle pas plutôt à la réalité instable et multiforme du genre lui-même ? Car où se situe en définitive son unité ? Quels peuvent être les dénominateurs communs entre les diverses formes apparues au fil des siècles ? Sont-ce la qualité des personnages et de leurs intérêts, les caractères de l'action, le type de dénouement, ou encore la nature des réactions du spectateur qui unissent ces formes entre elles et qui les distinguent du tragique et du dramatique ?

Aristote avait demandé dans sa *Poétique* que la comédie mît en scène des « hommes de qualité morale inférieure, non en toute espèce de vice mais dans le domaine du risible, lequel est une partie du laid » (1449 a). À la différence de la tragédie consacrée à la peinture de passions nobles, la comédie devait être le miroir de la vie quotidienne, une représentation de la condition privée, et mettre à nu le ridicule de l'humanité. Or, dès le XVIIᵉ siècle, ce principe est remis en question. Dans l'examen, publié en 1660, de *Mélite* (1629 ?), Corneille se targue d'avoir réussi dans sa pièce à faire « rire sans Personnages ridicules, tels que les Valets bouffons, les Parasites, les Capitans, les Docteurs, etc. [...] par l'humeur enjouée de gens d'une condition au-dessus de ceux qu'on voit dans les Comédies de Plaute et de Térence, qui n'étaient que des Marchands ». En outre, dans *Dom Sanche* (1650), il acclimate en France le genre de la comédie héroïque, dont les acteurs peuvent être des personnes illustres, du moment qu'« on n'y voit naître aucun péril par qui nous puissions être portés à la pitié, ou à la crainte », ressorts de la *catharsis* tragique (« À Monsieur de Zuylichem », *Dom Sanche*). Un certain type de comédie parodique met également en scène des personnages de statut social élevé, et c'est même de l'exploitation volontaire de la disconvenance entre ce statut des personnages et la nature du genre qu'elle peut faire dépendre une grande partie de ses effets. Seuls l'action, le degré d'importance des enjeux, ou plutôt la tonalité des événements de la pièce interviennent ici dans la définition du genre. L'action « comique » exclut le péril de mort et tous autres « grands périls », pour ne s'attacher qu'à « l'inquiétude » et aux « déplaisirs » du personnage (Corneille, *Discours du poème dramatique*). D'autre part, ce niveau social des personnages n'est pas propre à la seule comédie ; en

collection « Contours littéraires »
est dirigée par Bruno Vercier,
maître de conférences à l'Université de la Sorbonne Nouvelle

La comédie

Marie-Claude Canova

HACHETTE

ISBN 2-01-018052-6
© Hachette Livre, Paris, 1993

effet, à l'exemple du drame « domestique et bourgeois » du XVIIIe siècle (Diderot, *Entretiens sur « Le Fils naturel »,* 1757), le drame moderne a de plus en plus tendance à emprunter ses personnages à la vie quotidienne. La comédie trouve-t-elle par ailleurs son unité dans la nature même du personnage comique ? Pour Bergson le personnage type est d'autant plus comique – au sens de risible – que son comportement est automatique (*Le Rire,* 1899). Il se définirait « non par l'absence d'individualité mais par la disparition de la personnalité engagée dans une histoire » (H. Gouhier, *Le Théâtre et l'existence,* 1952, réimp. Vrin, Paris, 1991, p. 141). Le personnage comique serait ainsi un être schématisé, vidé de toute « biographie » et de toute « historicité ». Or, si cette définition paraît convenir à un certain genre de théâtre comique, tels la farce médiévale, la *commedia dell'arte* ou le théâtre de marionnettes – comme d'ailleurs à d'autres genres théâtraux non comiques comme le mélodrame –, elle va à l'encontre des présupposés mêmes de la comédie sérieuse du XIXe siècle qui, par souci de réalisme, cherche à dépasser le type dans la personne, dont la biographie fait un être unique, individualisé et déterminé par son insertion dans un espace, une époque et une collectivité spécifiques. Quant aux comédies de Molière, c'est justement sur la présence simultanée du type et de la personne dans le personnage qu'elles reposent. Alceste et Harpagon sont à la fois des types comiques, qui un misanthrope, qui un avare, et des personnalités individuelles capables d'émouvoir ou d'inquiéter. Faut-il alors, comme le propose H. Gouhier, définir l'histoire de la comédie par une oscillation perpétuelle du type à la personne ? En effet, « la comédie oscille du type dont l'irréalité permet le comique à la personne dont l'existence introduit un pôle dramatique » (*op. cit.,* p. 204). Mais, outre que cette définition, intéressante à plus d'un titre, présente l'inconvénient de restreindre l'essence du genre à un seul de ses constituants, elle ne permet pas de rendre compte de l'appauvrissement, voire de la désintégration et de l'évacuation du personnage dans la pièce contemporaine.

Est-ce plutôt du côté du dénouement qu'il convient de chercher le facteur déterminant d'unification du genre ? De même que, pour le drame, c'est la mort ou le péril de mort qui fait la pièce, ce serait le dénouement heureux (mariage ou réconciliation) qui donnerait sa tonalité à la comédie. Or, comme le fait remarquer H. Gouhier, bien finir n'est pas nécessairement finir ; le rideau peut tomber, mais les problèmes n'en sont pas résolus pour autant. Allons plus loin : la comédie « doit [même] se hâter de baisser le rideau pour que nous ne voyons pas la suite » (Schopenhauer, *Le Monde comme volonté et comme représentation,* rééd. P.U.F., Paris, 1966, t. 3, p. 249). Il n'est que de se rappeler la résolution finale de George Dandin, humilié pour la troisième fois par sa femme, de « s'aller jeter dans l'eau, la tête la première », à la perspective d'un avenir de répétition du passé, ou la sortie d'Alceste, plus que jamais résolu à fuir le monde et la société de ses pareils, qui fait suite à l'annonce du mariage de Philinte et d'Éliante.

D'autre part, le ou les mariages en série qui terminent la comédie dite « classique » et dont Corneille dénonce, dans *La Suivante* (1633/4) ou *La Galerie du Palais* (1632/3), l'artificialité et le cynisme, masquent parfois mal les désaccords et les déchirements des personnages. Et, plus près de nous, le mariage de l'héroïne à la fin des *Corbeaux* (1882) d'Henry Becque tient aussi plus du sacrifice que du *happy end* traditionnel. Ambiguïté donc, mais aussi absence totale de toute espèce de réjouissance comme dans *Dom Juan* (1665), qui s'achève sur le châtiment exemplaire de l'impie, et comme dans *On ne badine pas avec l'amour* (1834), où la mort subite de la jeune paysanne entraîne la séparation définitive de Camille et de Perdican. Dans le vert paradis des amours enfantines, la mort rôde et le drame fait son apparition à l'improviste dans le monde léger et enjoué de la comédie. Le théâtre contemporain, et notamment les pièces de Copi, tendent d'ailleurs à exploiter cet effet de chute où le bouffon se mêle au tragique pour l'exorciser.

Est-ce enfin dans le rire qu'il faut chercher la constante du genre ? Et de quel rire s'agit-il alors ? du « rire dans l'âme » de certaines des comédies de Molière (Donneau de Visé, *Lettre écrite sur la comédie du « Misanthrope »*, 1667) ou du bon rire franc de la farce ou du vaudeville ? Car le rire est double, ambigu. Comme le fait remarquer P. Voltz (*La Comédie,* A. Colin, Paris, 1964, p. 8), on peut rire et sympathiser : c'est le rire euphorique, celui qui entraîne le spectateur dans la mascarade turque du *Bourgeois gentilhomme* (1670) ou la cérémonie burlesque du *Malade imaginaire* (1673) ; on peut aussi rire et condamner : c'est le rire satirique de l'humiliation d'autrui, le « ris malin » de Voltaire (article « le rire », *Dictionnaire philosophique,* 1827), le signe de l'orgueil de l'homme déchu, dans lequel Baudelaire voit la caractéristique de l'esprit français (*De l'essence du rire et généralement du comique dans les arts plastiques,* 1855). Depuis Hobbes, toute une école fait en effet du rire la résultante chez le rieur du sentiment de sa propre supériorité sur autrui, la marque d'un triomphe soudain : « la passion des gens qui rient consiste en ce qu'une meilleure opinion de soi est occasionnée brusquement par l'incongruité des autres » (Th. Hobbes, *De Homine,* 1652). D'où la fonction sociale du rire, reconnue par Bergson dans son traité sur *Le Rire* comme moyen de châtier les inadaptations de l'individu à la vie collective, et de le ramener à la norme sociale. Or, comme le fait remarquer Freud, une ridiculisation poussée à l'extrême peut susciter non le rire, mais un sentiment de malaise chez le spectateur (*Le Mot d'esprit et ses rapports avec l'inconscient,* 1905). Mais le rire est-il bien l'essence de la comédie ? Là aussi, la réponse est ambivalente. Si Molière semble faire sien le principe du *castigat ridendo mores* des anciens, tout en reconnaissant que « c'est une étrange entreprise que celle de faire rire les honnêtes gens » (*La Critique de l'École des femmes,* 1663), Corneille affirme, lui, que la comédie peut se passer du ridicule et ne pas chercher à faire rire (« À Monsieur de Zuylichem »). De fait ses propres comédies sont à peine comiques. D'autre part, les comédies larmoyantes de Nivelle de La Chaussée, au XVIII⁰ siècle, ou les comédies sérieuses d'Augier et de Dumas fils, au XIX⁰ siècle, témoignent de réalisations d'où le comique est, sinon absent, du moins mêlé à son contraire, dans une négation du principe de Boileau selon lequel :

> Le Comique, ennemi des soupirs et des pleurs,
> N'admet point en ses vers de tragiques douleurs.
> (*Art poétique,* 1674, III, v. 401-402).

C'est cette juxtaposition des tons, menant à un effacement de la traditionnelle distinction des genres, qu'a érigée plus tard en principe le théâtre de l'absurde : « Plus de drame ni de tragédie : le tragique se fait comique, le comique est tragique, et la vie devient gaie » (Ionesco, *Victimes du devoir,* 1953). Dans les titres de ses pièces, Ionesco choisit alors de mêler les déterminations génériques traditionnelles – *La Leçon* (1651) s'intitule « drame comique » et *Les Chaises* (1652) « farce tragique » – si non de les rejeter en faveur de l'appellation moins marquée de « pièce ». Avec le terme disparaît la notion même du genre.

Comique et comédie ne se recouvrent donc pas, même s'il n'en reste pas moins vrai que beaucoup de comédies font rire. Le rire, en revanche, paraît être la composante essentielle d'un théâtre dit « comique », dont la tonalité fait alors l'unité, bien que les moyens et les effets de ce comique puissent varier selon le public auquel les œuvres s'adressent (goût, éducation, niveau social). Le genre se définit dans ce cas par la catégorie de l'action, et comique est synonyme de risible. Exclues d'une histoire de la comédie à proprement parler, farces et sotties médiévales trouvent leur place dans cette littérature comique, de même que leurs avatars plus tardifs, les parades foraines au XVIII⁰ siècle et autres prolongements modernes.

Mais quelles que soient les époques et leurs formes d'expression dramatique, l'art comique au théâtre, qui suppose une volonté invariable de faire rire, repose au fond sur un nombre relativement restreint de types et de schémas comiques, dans lesquels la psychocritique a vu « des renversements triomphaux de situations archétypiques angoissantes », telles qu'elles informent la tragédie (Ch. Mauron, *Psychocritique du genre comique*, J. Corti, Paris, 1964, p. 31). L'univers comique est, à bien des égards, « un monde renversé ». Plus que littéraire, l'unité du théâtre comique est ainsi d'ordre métaphysique, car la catégorie du comique, comme celles du tragique et du dramatique, exprime une modalité particulière de la perception du réel par le regard de l'homme. Comme l'écrit J. Émelina, le comique représente l'envers du sérieux sous toutes ses formes, car il est une attitude nécessairement seconde d'opposition systématique, de contestation et de négation, mais aussi de distanciation et de refus d'engagement ; il est « ce qui permet d'alléger l'ensemble, bonheur et malheur mêlés » (*Le Comique*, Sedes, Paris, 1991, p. 171). Le comique est une donnée immédiate de la conscience esthétique.

La comédie, elle, ne se définit ni par la catégorie de l'action, ni par un fonds commun de situations archétypales. Plutôt que de genre, ne serait-il pas plus exact de parler alors de formes multiples, dérivées certes d'une forme commune, la réalisation d'objectifs variant avec les époques et les mentalités, la marque de choix volontaires de la part des auteurs, qui sont à la fois les étapes d'une évolution dans le temps et les concrétisations de tentations présentes dès l'origine. Tentation vers le drame et le genre sérieux, sinon pathétique, mais aussi, à l'opposé, tentation vers le rire et le comique, qu'il soit celui bas et grossier de la farce, ou celui plus fin et ludique de la comédie d'intrigue : telles sont en effet les deux tendances contradictoires entre lesquelles la comédie a oscillé tout au long de son histoire et qui circonscrivent sa variabilité.

Ce que se proposera alors cette étude dans le cadre général d'un historique de son évolution, c'est de dégager la spécificité de la comédie comme « genre », si tant est que l'on puisse le faire, en analysant sa structure et le rapport de ses composantes à chacune de ses principales étapes, marquées par un nouvel équilibre des forces constituantes. Comédie antique, farce médiévale, comédie régulière, comédie sérieuse, vaudeville, comédie poétique ou anti-pièce contemporaine se présentent en effet comme autant de variantes historiques et structurelles d'un substrat commun qu'il nous appartiendra de définir.

TEXTE

■ Le comique ou « l'insoutenable légèreté de l'être »

Dans la conclusion de son étude sur Le Comique, *Jean Émelina en vient à envisager celui-ci comme une attitude seconde de distance et d'indifférence par rapport à une réalité saisie dans un premier temps sous l'angle du sérieux et de l'adhésion.*

Mais on commettrait une grave erreur en pensant que le comique n'est que l'envers du tragique. Comment expliquer, dans ce cas – l'expérience tragique reste rare – son extraordinaire et sa perpétuelle profusion ? Le comique, c'est *l'envers du sérieux sous toutes ses formes.* S'il a toujours fait figure de genre mineur et souvent suspect, c'est qu'il est, de fait, un genre second, une attitude seconde, et qu'il vient nécessairement *après.*

Le premier mouvement devant le monde – « bon sauvage », enfant, naïf, âme sensible – c'est la foi, la vibration, l'émotion. Mais chat échaudé craint l'eau froide. À ces envahissements, pour peu qu'ils soient désagréables ou dangereux, répond le « bouclier » du rire, la mise à distance et « l'anesthésie du cœur ».

Il est donc superflu de se demander, comme on le fait parfois, si telle ou telle époque est plus ou moins portée au rire qu'une autre. L'homme de la rue, accroché au mythe du « bon vieux temps », aime à dire qu'on savait autrefois « mieux s'amuser qu'aujourd'hui », ne serait-ce que pour se consoler de ne plus pouvoir le faire. En réalité, dans un mouvement dialectique perpétuel, tout sérieux, tôt ou tard, peu ou prou, est appelé à engendrer son contraire. La préciosité engendre le burlesque, la poésie sa parodie, le carême carnaval, le guerrier terrible Matamore, le bon élève le joyeux cancre, le macabre l'humour noir, la vie politique le « Bébête show », et ainsi de suite. Le comique n'est pas un « genre », mais *l'envers de tous les autres* et l'envers de tous les comportements déterminés par l'action, la réflexion, les sentiments et les émotions. On ne s'étonnera donc plus qu'il se soit partout et toujours bien porté, même méprisé ou persécuté.

Qu'on ne s'y méprenne pas : les « œuvres comiques », bien qu'innombrables – théâtre, littérature, arts graphiques et audiovisuel – sont loin de rendre compte de l'importance quantitative réelle du comique et de son omniprésence. Volatil, éphémère, protéiforme, il se pose sur tout. C'est un mot, un geste, une grimace, une « blague » ou des graffiti sur une affiche. Depuis que les veillées, avec leurs conteurs, ont disparu, il se taille la part du lion dans la littérature orale avec les histoires drôles et les chansons à boire. Les plus sérieux des journaux ont leurs billets d'humeur et leurs caricaturistes attitrés. Dans un monde dangereux, violent, vibrant et pédant qui raffole de sagas télévisées, de romans noirs, de documents, de traités, de statistiques et de scientificité, voici que vient voleter, irritante, impertinente, têtue et dorée, la poussière du comique.

Ce n'est pas un hasard si les figures du rire les plus célèbres – lutins, fourbes, fous, vagabonds insouciants, héros de dessins animés – ont toujours quelque chose d'Ariel, tandis que ceux dont ils nous font rire ont toujours quelque chose de Caliban. Le malheur est lourd ; le bonheur, la joie, la ferveur, l'espoir et l'amour également. La vie écrase, étreint, transporte et empoigne. Le comique est ce qui permet d'alléger l'ensemble, bonheur et malheur mêlés. Il n'est pas le futile ou le frivole, car on peut aussi se passionner pour des bagatelles. Il rend soudain, à la stupeur générale, futile et frivole ce qui n'imaginait pas pouvoir l'être et dont on n'imaginait pas qu'il puisse le devenir.

In : Jean Émelina, *Le Comique. Essai d'interprétation générale,* Sedes, Paris, 1991, pp. 170-171.

1

Les origines de la comédie

La comédie antique

❑ **La naissance de la comédie.** La comédie est née en Grèce au Vᵉ siècle avant notre ère. C'est en effet à Athènes, à l'occasion des deux grandes fêtes annuelles en l'honneur du dieu Dionysos, les *Dionysia* de la fin mars et les *Lenaia* de la fin janvier, réglementées en 486 et 445 respectivement, qu'a été prise l'habitude d'inclure la représentation de pièces comiques dans leur déroulement. Il est même possible que de telles pièces aient déjà constitué avant cette date une activité périphérique de ces fêtes, mais les témoignages manquent pour l'affirmer.

Pour Aristote, la comédie aurait son origine dans une différenciation du chœur et du coryphée dans les chants phalliques (*Poétique,* 1449a), qui faisaient eux-mêmes partie des fêtes de Dionysos, le mot *komoidia* (comédie) signifiant en effet chanter dans un *komos*, c'est-à-dire une procession rituelle. Or on ne sait avec certitude ni de quel type exact de *komos* la comédie est issue, ni par quelles étapes elle s'est retrouvée associée à des danses du chœur et à des paroles spécialement composées pour la circonstance, ni comment elle a fini par incorporer acteurs et dialogue parlé.

À l'époque d'Aristophane, une autre théorie voulait également que la comédie fût originaire du monde dorien, et considérait les Athéniens comme de simples imitateurs. De fait, il existait à Syracuse une tradition de comédie littéraire illustrée par Épicharme dans la première moitié du Vᵉ siècle et caractérisée entre autres par le traitement burlesque de thèmes mythologiques. Mais cette tradition semble avoir été plus contemporaine toutefois des développements athéniens qu'antérieure à eux.

Enfin, si l'on en croit le témoignage d'un vase peint du VIᵉ siècle représentant des groupes d'hommes nus, les uns aux fers, les autres en train de déplacer de larges jarres, à côté d'un joueur de pipeau et d'un danseur masqué, ce serait à Corinthe, et cela cent ans avant l'introduction de comédies dans les *Dionysia* d'Athènes, que la comédie serait née. Encore qu'il soit difficile de savoir si la scène représentée est bien une histoire fictive jouée par des acteurs, ou s'il s'agit au contraire de faits réels et par là connus des acheteurs potentiels.

❐ **Aristophane et l'ancienne comédie attique (486-404 av. J.-C.).** Telle qu'elle est apparue dans l'Athènes du Ve siècle avant J.-C., la comédie ne saurait être séparée des conditions matérielles de sa production. Jouée en plein air, de jour, lors de cérémonies officielles, devant un large public populaire, par des acteurs professionnels masqués et revêtus de costumes grotesques pourvus d'un énorme phallus de cuir, elle est une expérience essentiellement visuelle. Aussi fait-elle une large part à des techniques de jeu exploitant non la mimique faciale mais la gestuelle et l'expression corporelle, ainsi qu'à un comique assez gros basé sur la caricature, même si c'est sur un fond réaliste d'étude des situations et des problèmes quotidiens qu'elle se déroule. Plaisanteries sexuelles et scatologiques assez crues, coups et attrapes, ridicule des difformités physiques ou des aberrations mentales, mise à nu des appétits des humains, de leurs prétentions et de leur bêtise innée, tous les moyens sont bons pour provoquer le rire.

Mais c'est surtout sa structure chorale qui caractérise l'ancienne comédie attique. Loin d'être une simple troupe de figurants amenés sur scène pour faire office d'intermède dans le déroulement de l'action, le chœur est au centre même de la composition de la pièce. Ses vingt-quatre membres sont tous des citoyens athéniens, des amateurs donc, dont la fonction est de dialoguer avec le public, de lui donner des conseils qui visent à promouvoir l'*homonoia*, cette communauté d'esprit censée renforcer la cité contre l'ennemi de l'extérieur. Car le poète est avant tout un moraliste. Autour de la présence du chœur va s'articuler la comédie. Ainsi, à son entrée formelle ou *parodos*, souvent accompagnée de chants et de danses, succède un *agon* ou dispute (comme celui des deux poètes rivaux Eschyle et Euripide dans *Les Grenouilles* d'Aristophane ou celui des chœurs des vieillards et des vieilles dans sa *Lysistrata*), parfois précédé d'un *agon* préliminaire représentant une scène de bataille ou tout autre conflit, et suivi d'une *parabasis* ou adresse au public, avant l'*exodos* ou finale choral. Sur cette structure traditionnelle se sont alors greffés des épisodes de dialogue comique joués par des acteurs, qui, en se développant, en sont venus à constituer un semblant d'intrigue, ne serait-ce que pour servir de justification à la scène de bataille et fournir une situation aux commentaires du chœur. Après un prologue humoristique servant d'exposition, une première série de ces épisodes mène à l'*agon*, tandis qu'une autre le fait suivre de la déconfiture farcesque de tout un défilé de personnages indésirables. Une scène de réjouissance générale, banquet ou mariage, conclut parfois la comédie.

De l'œuvre des quelque cinquante dramaturges qui ont diverti les foules athéniennes au Vᵉ siècle, n'ont véritablement survécu que onze pièces d'Aristophane. Aussi toute appréciation de l'ancienne comédie attique ne peut-elle que reposer sur des présupposés et des généralisations. Il est ainsi difficile de savoir dans quelle mesure Aristophane s'est écarté ou non de la tradition, ou d'établir jusqu'à quel point certains de ses contemporains ont suivi sa manière de mêler grossièreté et fantaisie poétique et imité la construction à la fois lâche et conventionnelle de ses pièces. Celle-ci ne sert en fait qu'à mieux mettre en relief l'impression de fantaisie débridée qui se dégage de leur exploitation du surnaturel et du folklore. La bizarrerie de l'invention s'y allie à la folle logique de son développement, comme en témoignent les sujets des *Oiseaux* et de *La Paix*, l'un avec sa cité céleste imaginaire bâtie par les hommes pour faire pièce aux dieux, l'autre avec son protagoniste montant au ciel à califourchon sur un bousier en quête de la Paix.

À cette fantaisie de l'invention, au conventionnalisme caricatural des types comiques représentés (esclaves, vieillards, campagnards, dieux, héros, etc.), l'ancienne comédie attique oppose tout un côté politique et satirique qui ne pouvait que la rendre difficile à comprendre et à apprécier pour un public non athénien. En effet, à condition de respecter la souveraineté du peuple et de ne pas tomber dans l'impiété, la comédie athénienne jouissait d'une grande liberté d'expression ; et si ses contemporains ne s'en sont pris qu'à des figures mineures de la vie publique athénienne, Aristophane a choisi en revanche de diriger ses attaques contre les personnalités les plus en vue de son temps. *Les Cavaliers* sont restés célèbres pour la virulence des invectives dont le poète accable Cléon, l'une de ses cibles préférées, ainsi que pour la portée plus générale de sa satire de la politique athénienne et du caractère de ses dirigeants. Seule est épargnée la structure constitutionnelle de l'État. Quant aux *Guêpes*, elles offrent le spectacle corrosif d'un exercice irresponsable du pouvoir judiciaire et de la démagogie du mode de désignation des juges.

Avec la défaite d'Athènes à la fin de la guerre du Péloponnèse (404 av. J.-C.) et l'appauvrissement de la cité, il est devenu difficile, pour ne pas dire impossible, de continuer à représenter ce genre de comédie, à la fois coûteux par son déploiement scénique et chargé de satire politique. La liberté d'expression a été restreinte, sans compter qu'une évolution des idéaux dramatiques semblait privilégier la construction aux dépens des débordements de l'imagination. Les dernières pièces d'Aristophane lui-même allaient dans ce sens.

❑ **Ménandre et la Néa (336-c. 250 av. J.-C.).** Le net changement de style dramatique qui a pris place au siècle suivant n'a pas été aussi brutal que le manque de sources pourrait le laisser supposer. En effet, avant que la Comédie Nouvelle (ou *Néa*) ne remplace l'Ancienne dans le courant du IVe siècle avant J.-C., un type de comédie dit parfois Comédie Moyenne, de plus en plus orienté vers la comédie sociale, concurrence pendant plusieurs années les pièces de fantaisie et d'invectives personnelles. Au dire d'Aristote, ce serait Cratès qui, abandonnant la forme ïambique (c'est-à-dire la comédie faite d'attaques personnelles), aurait eu le premier « l'idée de traiter des sujets généraux et de composer des fables » (*Poétique,* 1449b). Le chœur devient moins prééminent et la *parabasis* disparaît peu à peu. Plus construites, les pièces copient situations et action sur le quotidien et s'articulent souvent autour des complications d'une intrigue amoureuse. De nouveaux types sociaux, le parasite, le soldat, la courtisane, apparaissent sur la liste des personnages, s'ajoutant aux types familiaux et domestiques habituels (conjoints, fils, esclaves). Les titres de ces comédies aujourd'hui disparues sont révélateurs de cette orientation de plus en plus marquée vers le social : *L'Avare, Le Misanthrope, La Sœur,* etc.

Entre Aristophane et Ménandre, représenté comme l'ancêtre de la comédie européenne, il n'y a donc pas eu véritablement solution de continuité, mais plutôt transition, évolution, même si les différences l'emportent inévitablement sur les ressemblances. En effet, au-delà de certains personnages types et d'un petit nombre de thèmes axés sur les relations familiales, Ménandre (le seul des soixante-quatre auteurs connus de la *Néa* dont on ait retrouvé quelques textes incomplets) s'oppose à son prédécesseur par le plus grand réalisme de ses situations empruntées à la vie de tous les jours, et la vérité psychologique de ses personnages issus de la bourgeoisie grecque. Peut-être est-ce là un des effets du changement dans la composition socio-économique du public des pièces. Avec la disparition des subsides accordés aux spectateurs, le public serait devenu plus aisé, plus « bourgeois », et se serait, par conséquent, plus intéressé à la peinture de son milieu qu'à la mise en scène de débats politiques. À cela s'ajoutait un affaiblissement du patriotisme et de l'esprit civique, joint à un cosmopolitisme grandissant de la population athénienne. D'où, dans la *Néa,* la concentration sur le noyau familial, l'accent sur les problèmes de la vie privée des personnages, alors que les comédies d'Aristophane avaient exprimé les préoccupations et les aspirations de l'État tout entier. La vision grandiose d'un monde nouveau, comme l'utopie politique sur laquelle s'achèvent *Les Oiseaux*, a cédé la place au spectacle réconfortant d'une restauration du *statu quo* après les désordres causés dans les relations familiales par la folie ou l'ignorance, spectacle inséparable d'une leçon de modération et de sagesse humaine.

Au souci de réalisme, poussé jusque dans les circonstances extérieures des pièces (l'unité de lieu est dans l'ensemble observée et l'action se localise dans un décor de rue ou de campagne) et le niveau de langue employé, à la fois familier et approprié à la qualité des personnages, s'ajoute un désir d'épurer ce qui est perçu comme la grossièreté et la vulgarité de la Comédie Ancienne. On remarque l'absence totale de références explicites au sexe et à toute autre fonction corporelle ; le thème de l'homosexualité disparaît ; jusqu'au costume des acteurs qui perd ses rembourrages grotesques et le phallus de cuir pour être remplacé par une simple tunique.

Or, le prix payé est une diminution de l'esprit comique, un remplacement du rire libre devant l'indécence du propos et du geste par l'exploitation ironique et humoristique des malentendus entre les personnages, exploitation inséparable d'une connivence entre l'auteur et son public. Seules quelques plaisanteries dans la bouche des esclaves ou des cuisiniers fournissent encore quelques éléments d'un gros comique. Dès l'Antiquité, la *Néa* est d'ailleurs considérée comme méprisant le rire et inclinant au sérieux, tentation que va connaître la comédie tout au long de son histoire (voir chap. 4). Les pièces de Ménandre sont des comédies au sens large, où des situations sérieuses créées par l'ignorance, les passions et les malentendus entre les personnages, trouvent une issue *in extremis* dans une reconnaissance opportune.

Ce qui caractérise aussi la *Néa*, c'est l'importance accordée à l'intrigue et à une construction dramatique régulière. Ménandre simplifie les structures compliquées des pièces d'Aristophane pour adopter un schéma plus simple de division en cinq actes séparés par des interventions du chœur comportant très certainement des chants et des danses, mais sans rapport avec la pièce. Aristote envisageait l'action en termes de nœud, se nouant et se dénouant (*Poétique*, 1455b) ; image on ne peut plus juste, la plupart des comédies traitant effectivement de la solution (du latin *soluere*, dénouer) d'un problème. Les théoriciens hellénistiques ont précisé la dichotomie aristotélicienne par un schéma tripartite de *protasis* (l'exposition ou proposition, équivalant dans l'ensemble à l'acte I), d'*epitasis* (le nœud) et de *katastrophe* (la conclusion ou dénouement). Ce schéma n'approfondit guère en fait la réflexion prosaïque d'Aristote qui présente l'action comme ayant un commencement, un milieu et une fin (*Poétique*, 1450b). Ménandre se sert ainsi de la division en cinq actes pour créer une tension dramatique entre la progression de l'action et le retour régulier des pauses, plaçant les coupes structurales à l'intérieur plutôt qu'entre les actes.

L'introduction de la division en cinq actes, leur répartition selon le schéma tripartite du développement de l'action, la concentration de celle-ci en un jour, sont autant de pratiques de la Comédie Nouvelle que le théâtre classique français a érigées en règles de composition absolues (voir chap. 3). Quant aux intrigues elles-mêmes de la *Néa*, centrées sur la coïncidence et la reconnaissance, et riches en rapts, viols, enfants perdus, familles séparées et réunies, elles ont été adoptées par les auteurs latins du siècle suivant et sont passées, par leur entremise, dans le théâtre européen dont elles ont constitué le répertoire traditionnel aux XVIe et XVIIe siècles.

La comédie latine

❒ *Plaute et Térence (240-160 av. J.-C.).* Le type de comédie qui a fleuri à Rome de 240 à 160 avant notre ère dans les festivals publics de la ville, et auquel sont restés attachés les noms de Plaute et de Térence, est directement inspiré des comédies grecques de la *Néa*. Ménandre, Alexis, Philémon et Diphile ont servi de modèles à maintes adaptations, dont beaucoup, comme les originaux, sont maintenant perdues. Seules vingt et une pièces de Plaute et six de Térence ont survécu au naufrage. Ces comédies, connues sous le nom de *fabulae palliatae* ou comédies en manteau grec, sont avant tout des pièces grecques, dépeignant mœurs et personnages grecs. Plaute accentue même ce côté étranger des coutumes, tout en cherchant par ailleurs à naturaliser ses pièces par l'adjonction d'éléments typiquement romains, que ce soient des références à des institutions et des pratiques légales romaines, des listes extravagantes de nourriture romaine, ou des jeux de mots autochtones. Au tournant du siècle, on a fini par assister au développement d'une forme romaine de la comédie, appelée *fabula togata* ou comédie en toge romaine, qui met en scène le petit peuple de Rome ou des villages avoisinants et, prolongement en cela de la réalité, accorde une plus grande place aux femmes que la *palliata*. Le monde de Térence est en revanche entièrement grec, Térence ne se souciant ni de dépayser ses modèles pour le public romain, ni de les « romaniser ».

En outre, Plaute a également davantage tendance à s'écarter de son modèle, gardant le sujet d'origine, mais travaillant les situations comiques et développant le dialogue en accord avec la veine populaire indigène. Dans le prologue de *Casine (Casina)*, il parle ainsi de « rompre les ponts » avec son modèle Diphile :

Celui-ci [un des personnages de la pièce], n'y comptez pas, ne reviendra pas aujourd'hui pour figurer dans notre comédie. Plaute ne l'a pas voulu ; il a rompu un pont qui se trouvait sur sa route. (Plaute, éd. A. Ernout, t. 2, Les Belles Lettres, Paris, 1933, v. 64-66).

Plaute adapte librement ses modèles, tout en traduisant parfois littéralement certains passages. Térence, lui, n'est ni un adaptateur, ni un traducteur. Il imite, même s'il lui arrive de mêler ses originaux. Cette pratique, qualifiée de *contaminatio*, lui a été reprochée par ses contemporains, mais sans que soit remis en question le principe même de l'imitation. Le problème de l'originalité littéraire ne se pose d'ailleurs pas dans l'Antiquité de la même façon que de nos jours : elle est autant dans la récriture créatrice de thèmes et de motifs connus et, partant, propriété commune, que dans l'invention de nouveaux sujets.

❏ *Une comédie stéréotypée.* La comédie latine est une comédie stéréotypée. Les intrigues, les situations et les personnages, tous hérités de la *Néa*, dessinent quelques schémas et types essentiels qui se retrouvent d'une pièce à l'autre. Les auteurs, du reste, ne font pas mystère de cet aspect répétitif du genre, tirant même un maximum d'effet des possibles variations de ces thèmes rebattus, ou s'autorisant à l'occasion à jouer avec les attentes du public.

L'intrigue traditionnelle est une histoire de malentendu et de méprise, née de la fourberie ou de l'erreur innocente, et construite autour d'un conflit. Conflit entre hommes et femmes tout d'abord, car la conception du mariage comique comme champ de bataille entre époux informe la comédie plautinienne. Le mari y apparaît comme infidèle ou mené par le bout du nez par une épouse d'autant plus autoritaire et acariâtre qu'elle est richement dotée. C'est le type, en plein développement à l'époque, de l'*uxor dotata*, dont le ridicule ne peut que conforter dans ses préjugés un public en majorité masculin. Les portraits satiriques des femmes dans la farce médiévale française – têtues, querelleuses, bavardes, cupides et paillardes – diffèrent peu en définitive de ceux de la comédie latine (voir chap. 2).

Autre type de conflit, celui des générations, qui oppose le jeune homme à son père, dont l'avarice menace le succès de ses intrigues amoureuses, ou qui se pose en rival de son fils. C'est le thème de la *Comédie des ânes (Asinaria)*, de *Casine* et du *Marchand (Mercator)* de Plaute. Molière s'en est souvenu dans *L'Avare* (1668), où il fait d'Harpagon le rival de Cléante pour l'amour de Marianne, comme dans *Les Fourberies de Scapin* (1671), qui mettent en scène les machinations du valet pour soutirer de l'argent au père. Certaines pièces, notamment *Les Adelphes (Adelphoe)* et *Le Bour-*

reau de lui-même (Heautontimoroumenos) de Térence, dédoublent l'intrigue en opposant deux types de père et de relations parentales, le célibataire honnête homme et le *pater durus.* C'est, moyennant le remplacement du jeune homme par la jeune fille, le thème même de *L'École des maris* (1661) de Molière, qui place sous le signe de l'autorité les rapport des sexes.

Cette opposition peut alors déboucher sur un contraste de la ville et de la campagne, la première symbolisant le luxe, la frivolité et tous les maux de la société urbaine contemporaine, la seconde la vertu et la stricte moralité inséparables d'une vie simple et innocente, à moins qu'elle ne représente plus négativement le manque de sophistication et ne soit le repoussoir des plaisirs de la ville.

Théâtre de schémas dramatiques stéréotypés, la comédie latine est aussi un théâtre de types. D'un côté, Plaute et Térence ont à leur disposition les personnages traditionnels de la *Néa,* vieillards, jeunes gens, esclaves, soldats fanfarons et marchands d'esclaves. De l'autre, la nature même des schémas favorise le personnage fonction, peu individualisé psychologiquement, et dont le rôle détermine le caractère et l'étendue de son développement. La répétition des schémas a pour corollaire la réapparition d'une pièce à l'autre de personnages quasi interchangeables.

Il semblerait d'ailleurs que le type même de l'esclave intrigant, incarnation de l'esprit de ruse et de cynisme, tel qu'il apparaît dans le Tranio du *Revenant (Mostellaria)* ou le Pseudolus du *Trompeur (Pseudolus),* soit une création propre de la comédie latine, celle-ci ayant, selon toute apparence, introduit le thème de la tromperie dans les intrigues de malentendus de la *Néa.* Impudent, bavard, paresseux et menteur, mais fertile en ressources et parfois désintéressé, il est l'instrument indispensable de la tromperie et des jeux d'identité dans l'intrigue. Sans que son activité parvienne à résoudre un nœud que dénoue seul, en définitive, un *deus ex machina* providentiel à la fin, amenant la réconciliation des générations, il est aussi une source de comique, souvent facile et bouffon.

À ces types familiaux et domestiques, présentés par paires contrastées (deux jeunes gens, deux esclaves, deux *senes* se servant mutuellement de repoussoir), s'ajoutent quelques types dits professionnels, comme le cuisinier, le *leno,* combiné de proxénète et de marchand d'esclaves, le parasite, amateur de bonne chère, et surtout le *miles,* soldat fanfaron promis à une longue postérité dans le théâtre européen (on pense au *capitano* de la *commedia dell'arte* et au *matamore* de la comédie espagnole). Tous ces types sont bien entendu conçus pour provoquer le rire.

Il est habituel d'opposer ici la technique de caractérisation de Plaute à celle de Térence, son cadet. Le premier opte pour la caricature et l'outrance et privilégie les rôles se prêtant à un traitement farcesque ; le second dépeint des caractères plus réalistes et évite les personnages grotesques : son œuvre ne met en scène qu'un seul *miles (L'Eunuque)* et un seul *leno (Phormion).* Térence modifie ainsi la galerie des types conventionnels de la *Néa* en leur conférant une nouvelle humanité ; ses vieillards deviennent des pères compréhensifs, ses jeunes gens des amoureux vrais et candides, et ses portraits de femmes sont plus fouillés. Dans les termes mêmes de B.A. Taladoire, les types cessent « d'être seulement des exemplaires sociaux pour devenir des personnes », des individus normaux, dont la peinture, malgré un certain nombre de clichés inévitables, témoigne, de la part de l'auteur, d'un effort d'individualisation et d'une attention aux traits psychologiques, absents chez Plaute (*Térence : Un Théâtre de la jeunesse,* Les Belles Lettres, Paris, 1972, p. 110). Mais ils perdent en potentiel comique ce qu'ils gagnent en vérité humaine. Au lieu de valoir pour leur rythme, l'intrigue et ses complications sont alors exploitées pour leurs répercussions sur les personnages et les possibilités de contraste qu'elles suscitent entre leurs diverses réactions à une même situation.

❐ *Toute la gamme du comique.* Plaute et Térence font rire, à des degrés divers et par des moyens différents. On peut rire, chez Plaute, d'un sentiment de supériorité devant une collection de personnages dégradés : qu'il s'agisse des types professionnels du parasite, du *leno* ou du soldat, dont les vices de gloutonnerie, d'avarice et de vantardise sont accentués et exagérés de manière grotesque, ou des *senes* rendus ridicules par leurs colères déraisonnables ou leur passion sénile, et des *adulescentes* amoureux extravagants. Car tous sont coupables de la faute morale reconnue par Platon dans le *Philèbe* (48c-49a), celle de ne pas se connaître soi-même, de se croire supérieur à ce qu'on est en réalité. Mais ce rire de dérision est rarement entaché d'amertume ou de satire. Il reste bon enfant, voire tolérant des faiblesses humaines, surtout chez Térence.

Une autre source du rire réside dans l'exploitation de l'ignorance où sont les personnages de leur situation réelle. La complication même des intrigues de la comédie latine, avec leurs vols d'identité, leurs confusions, leurs malentendus, leurs quiproquos et autres « anomalies » manigancées par les valets fourbes, sert ainsi à entretenir chez le spectateur un sentiment de supériorité sur le personnage et de connivence avec l'auteur, sentiment rendu possible par une mise au courant régulière du public, grâce entre autres au prologue d'exposition et à de longs monologues narratifs. D'où l'ironie dramatique de maints passages. Ainsi, dans *Les Adelphes* de

Térence, l'ignorance où est Demea des faits et gestes de ses deux fils Cte-
sipho et Aeschinus, attribuant au second, dont il ignore tout, les affaires
amoureuses du premier qu'il croit, à tort, être un parangon de vertu, est-
elle tout particulièrement comique.

Ajoutons-y encore tous les effets de surprise et d'incongruité dans le
traitement des situations et des caractères, les effets d'exagération et de
bouffonnerie présents dans un comique proprement scénique de coups et
de poursuites, de scènes d'ivresse ou de colère, et toute une gamme de procédés de comique verbal, allant du jeu sur les sonorités et de la création de
mots interminables (comme, par exemple, *Thensaurochrysonicochrysides*
dans *Les Captifs (Captivi)*, à l'équivoque la plus obscène. Enfin rappelons
que le théâtre de Plaute, à la différence de celui de Térence, exploite aussi
l'un des moyens les plus efficaces pour provoquer le rire, à savoir la rupture de l'illusion dramatique, soit que les acteurs s'adressent directement
au public, ce qui confère à celui-ci le rôle d'un véritable partenaire dans
l'action, procédé repris dans la farce, soit que les acteurs eux-mêmes
dénoncent le caractère théâtral de leur rôle.

Le théâtre de Plaute constitue un répertoire à peu près complet des
moyens de faire rire au théâtre. Caractères, action, dialogue, tout y est
assujetti au rire, et ce rire qui exploite incongruité et irrationalité imprime
rapidité et vigueur à la pièce. Térence, en revanche, fait preuve d'une plus
grande modération dans ses procédés comiques ; son refus de l'exagération et de l'exubérance l'oriente vers un genre plus fin de théâtre, où le
ridicule est toujours subordonné au sérieux. Il n'y figure qu'à titre de prétexte pour faire passer une idée, qu'il s'agisse d'un thème philosophique
ou de l'étoffement d'un trait de caractère. D'ordre réaliste, le comique de
Térence est un mode de destruction ; ce qu'il vise, c'est la dénonciation de
« ce consentement traditionnel que les sociétés conservatrices mettent
volontiers au service de leurs "idoles" (égoïsme des classes, préjugés
moraux, contraintes sociales), qui toutes, selon leur mesure, menacent la
juste liberté de l'individu dans un monde *donné*, dont il nous est pourtant
loisible de percevoir la fragilité, par l'examen de ses failles et de ses
lézardes » (B.A. Taladoire, *Térence*, p. 119). Comme plus tard Molière,
Térence s'en prend à l'esprit de système. On comprend alors aisément que
ce sérieux nouveau du ton et de la pensée ne fasse que peu de place à l'absurde et au bouffon.

❏ *Les premières pièces « bien faites ».* La leçon d'humanité et de tolé-
rance qui perce sous le rire s'inscrit dans le cadre d'une pièce « bien
faite ». Les comédies de Plaute et de Térence sont en général bien
construites, et le problème initial auquel ont à faire face les personnages

est développé au travers de toute une série de péripéties amusantes avant d'être résolu de manière satisfaisante au dénouement. On peut donc parler d'unité d'action.

Comme chez Ménandre, un prologue d'exposition précède la pièce, dans lequel les éléments nécessaires à la compréhension de l'intrigue sont donnés au spectateur sous forme de narration ou de dialogue, procédé particulièrement utile dans les pièces de mystère d'identité. Le problème se pose alors de maintenir éveillée la curiosité du spectateur dans le reste de la pièce et d'arriver à ménager tout de même des effets de surprise et de suspens. L'un des moyens d'y parvenir est de jouer avec les attentes du public. D'autre part, préparation n'est pas nécessairement synonyme de révélation complète : de fait, dans les pièces d'intrigue, les formes de la tromperie sont rarement révélées d'avance.

Quant aux pièces de Térence, elles abandonnent, elles, le prologue d'exposition narratif, ainsi que l'*argumentum*. L'information nécessaire est alors communiquée graduellement dans le corps même de la pièce, ce qui a pour effet à la fois d'introduire un plus grand élément de suspens et de surprise du fait de l'ignorance du public, et de rendre la pièce plus logique – partant plus vraisemblable. L'importance de cette technique pour le développement du théâtre occidental est évidente. Ne racontant plus une histoire, les prologues de Térence constituent en revanche de véritables plaidoyers esthéthiques où, à l'instar d'Aristophane dans la *parabasis*, le dramaturge choisit de se défendre contre les attaques de ses détracteurs et d'exposer ses vues en ce qui concerne notamment la question de la tradition et de l'originalité en comédie, les méthodes d'adaptation littéraire et surtout la pratique de la *contaminatio*.

Pour développer l'action de leurs pièces, les dramaturges latins ont, semble-t-il, renoncé à la division en cinq actes adoptée par les auteurs de la *Néa*. Les divisions actuelles en actes et en scènes des pièces de Térence et de Plaute sont des ajouts tardifs, basés sur le critère de la vacance de scène pour les actes, et l'entrée de personnages pour les scènes. Donat découpe ainsi au IVe siècle les pièces de Térence selon une théorie formulée par Horace dans son *Art poétique* (*Épîtres*, II, v. 3, 189-192) et, en 1500, Pius établit sur ce modèle son édition de Plaute, alors que les manuscrits ne présentent qu'une succession de scènes séparées par des interscènes énumérant les personnages et précisant leur rôle, mais sans que soit donnée la moindre indication d'entracte. Les Latins ont en fait adopté la présentation continue de l'action, abandonnant également les interventions du chœur de la comédie grecque, bien qu'il soit difficile de savoir si le *tibi-*

cen (ou joueur de flûte) ne divertissait pas le public pendant de brèves pauses de l'action, comme dans *Le Trompeur* de Plaute.

L'un des problèmes posés par la division en actes est celui de la coïncidence des actes et des grands moments de l'action, en particulier la place du dénouement dans la pièce. Dans plusieurs comédies de Plaute comme dans les pièces de Ménandre, l'action se dénoue souvent à l'acte IV, ce qui revient à faire des dernières scènes des scènes d'achèvement ou de conclusion, qui montrent les répercussions du dénouement proprement dit sur les personnages par l'application d'une justice distributive. La récompense des vainqueurs, qui prend souvent la forme d'une célébration, y est aussi inévitable que la punition de ceux, vieillards, soldats ou *leno*, qui ont fait obstacle à leur victoire. D'autres pièces, et notamment la majorité des comédies de Térence, reculent en revanche jusqu'à la fin de la pièce l'élément déterminant du dénouement, ce qui permet de tenir le spectateur en haleine jusqu'au bout. Là aussi, comme sur d'autres points, Térence paraît en avance sur la dramaturgie de son temps.

À la considérer ainsi dans ses deux principaux représentants, la comédie latine paraît s'être développée dans deux directions divergentes à partir d'une imitation commune de la Comédie Nouvelle grecque. Tandis que Plaute optait pour une comédie de farce et de verve truculente, d'intrigues gaies et invraisemblables, et de personnages comiques, voire grotesques, Térence mettait, lui, l'accent sur l'étude du sentiment et des aspects les plus sérieux de la vie familiale, s'attachant à dépeindre avec naturel des personnages plus dignes et moins conventionnels, pris dans des intrigues complexes qui savent ménager avec adresse le suspens. C'est encore chez lui qu'il faut chercher un certain nombre d'innovations de technique dramatique qui annoncent la comédie humaniste de la Renaissance. On comprendra aisément que, par leur richesse et leur variété, les vingt-six comédies latines existantes aient pu constituer un répertoire de situations comiques et de types auquel s'est alimenté pendant des siècles le théâtre européen.

Jouées, adaptées, traduites dans les écoles religieuses du Moyen Âge, elles ont assuré, par-delà le genre indigène de la farce, le lien entre la tradition comique de l'Antiquité et l'instauration au XVIIe siècle d'une nouvelle tradition, celle de la comédie régulière classique, qui la relayerait.

TEXTE

■ **L'Œdipe dans la Comédie Nouvelle**

Pour Charles Mauron, l'éternel conflit des générations dans la Comédie Nouvelle n'est que la traduction dramatique du désir inconscient du fils de triompher du père. Mais comme, dans la comédie, le principe de plaisir doit l'emporter, ce qui est ailleurs fatalité tragique devient ici fatalité de bonheur et résolution du conflit.

Mais elle [la comédie] emprunte aussi à la tragédie ses conflits, et comment les couperait-elle de leurs prolongements inconscients ? En revanche, nous constatons, dans l'action et le dénouement, un renversement de la fatalité tragique. Elle devient fatalité de bonheur. La grande loi du genre comique, c'est que le principe de plaisir l'emporte. Qu'on l'applique à un conflit familial, on obtient les données essentielles de la comédie nouvelle. L'invraisemblance n'y affecte pas les accidents mais le principe, la fatalité du triomphe n'étant que la pente d'une pensée magique, enracinée dans un mode inconscient. Or celle-ci ne décide pas seulement du dénouement de l'œuvre, elle en ordonne le progrès ; elle est la flèche du temps comique. Elle exige, en particulier, la défaite du personnage paternel, l'annihilation de sa résistance.

L'adultère ne pouvant être qu'évoqué [...], le seul conflit profond oppose le père et le fils. Sa fréquence est donc imputable en partie au moins à des conditions extérieures. Le fait que dans le schéma de la situation dramatique le fils représente le désir, le père l'obstacle et l'arbitre, n'apparaît pas moins conforme aux réalités objectives, le chef de famille étant alors tout-puissant, la femme sans grand pouvoir de décision. Le trait d'esprit et la fantaisie de triomphe interviennent, en revanche, dès l'instant où l'imagination joue à briser la résistance paternelle, en inhibant la réaction de la victime ou même en obtenant son concours. Tout critère objectif est alors clairement abandonné. Le succès est si improbable et il est obtenu si constamment qu'il faut bien que l'auteur use de pensée magique et que le spectateur s'en accommode avec plaisir. [...]

La pensée du crime et du parricide, comme moyen de lever l'obstacle au bonheur du fils que représente le père, prend dans la comédie la forme atténuée de la simple hostilité, extériorisée en vol et duperie.

[...] J'ai déjà signalé dans *l'Avare* et dans *la Mostellaria* la même suggestion du parricide. Elle se mue ailleurs en simple hostilité. De même, la rivalité amoureuse du père et du fils, avouée dans *l'Asinaria* ou *Casina*, prend des formes atténuées de jalousie devant le libre plaisir des fils (Démiphon du *Mercator* et Ménédème de l'*Heautontimoroumenos*). Mais le plus souvent, la résistance du père se déplace secondairement sur de contrariants projets matrimoniaux ou sur des questions d'intérêt. Cette dernière forme de l'obstacle rend nécessaire un vol, qui ressemble à un rapt. Sur ce nouveau plan, le *leno* cupide, possesseur de la jeune fille convoitée, devient un « double » extérieur, purement social du père : on le vole, on le dupe de la même façon.

Le grand ressort de la comédie nouvelle est donc l'invraisemblable fourberie : elle constitue proprement le trait d'esprit, libérant les tendances. Mais on peut la goûter en soi, comme une virtuosité dans le mélange de sens et de non-sens, ou l'inhibition de la victime. Selon un trait presque constant et remarquable, cette fonction est assignée à un esclave. Le fils évite ainsi la colère paternelle. [...] Mais cela signifie, du point de vue psychologique, que la comédie tout entière progresse en repoussant un remords.

In : Charles Mauron, *Psychocritique du genre comique*,
Librairie José Corti, Paris, 1964, pp. 85-88.

2

Satire ou fantaisie

La farce et ses avatars

Forme grossière du comique théâtral, la farce a été à l'origine une création originale du théâtre médiéval, située au confluent d'une tradition populaire et d'un courant lettré. Mais elle a survécu aux conditions socio-culturelles historiques qui lui ont donné naissance. Moyennant l'apport d'éléments étrangers, elle s'est prolongée en effet pendant tout le XVIIe siècle et une partie du XVIIIe siècle, avant de renaître, légèrement modifiée, à la Belle Époque sous l'influence du naturalisme. Plus près de nous, les pièces du Flamand Ghelderode appartiennent encore à la même tradition ; car, par-delà les inévitables différences de sensibilité et de style, c'est une même esthétique qui informe en définitive ces œuvres.

Contrairement à ce que l'on pourrait penser, la farce est un genre construit, qui obéit à un certain nombre de conventions : un thème rebattu, un développement sans surprises d'une situation archétypale simple, des personnages connus représentant des types collectifs d'humanité, comme l'Homme ou la Femme, et un langage souvent cru. La farce est schématisation, stylisation, mais elle est aussi un effort pour coller au réel dans ce qu'il a de plus quotidien et de plus terre-à-terre.

Cette représentation d'une humanité médiocre se coule dans un comique caricatural, volontiers obscène et grossier, parce que le seul recours contre une médiocrité aussi généralisée est encore le rire. Aussi la farce est-elle satirique, d'une satire directe qui n'épargne aucun ridicule, aucun travers, aucun vice. Mais le rire est essentiellement destructeur, et nul enseignement moral ne vient aider à reconstruire une image positive de l'humanité. La farce divertit ; elle ne cherche pas à corriger. Elle est l'expression d'un pessimisme désabusé, d'un manque de confiance irrévocable dans l'homme, et le rire qu'elle provoque peut être grinçant. Car c'est de la souffrance et de la mort que le spectateur peut être invité à se moquer. À l'opposé, la farce est souvent synonyme de comique bas et d'effets faciles, voire de bouffonnerie. Coups de bâton, mises en sac, plaisanteries lestes et jeux de scène grossiers orientent le genre vers une fantaisie parfois gratuite et exagérée. La satire, bien atténuée, disparaît alors sous le rire. D'où la confusion fréquente entre ces effets scéniques de la farce et son principe esthétique. Et s'il arrive que les deux coexistent, il n'en reste pas moins vrai qu'ils le font dans des proportions variables. À l'origine de cette dichotomie, il faut peut-être voir la rencontre de deux traditions différentes qui ont marqué de leur empreinte l'évolution de la farce comme genre spécifique, l'une française et satirique, celle du théâtre comique médiéval, l'autre italienne et plus fantaisiste, celle de la *commedia dell'arte*.

La tradition française : le théâtre comique médiéval

Apparu au XIIIᵉ siècle, le théâtre comique profane médiéval a fait œuvre nouvelle en délaissant l'héritage de la comédie latine de Plaute et de Térence, devenue un simple exercice scolaire. Ce qui ne veut pas dire toutefois qu'il ne lui doive rien. La question des origines de ce théâtre est en effet loin d'être résolue. Si certains le font effectivement remonter à la comédie latine du XIIᵉ siècle, d'autres invoquent en revanche les liens avec les jongleurs du XIIIᵉ siècle, eux-mêmes descendus des mimes de la décadence romaine, ou le rattachent au théâtre religieux dont il serait issu par « un processus de développement parasitaire » des éléments comiques présents dans les *cycles de Pâques* (P. Voltz, *op. cit.*, p. 11). Pour J.-C. Aubailly, il se situe bien plutôt à la rencontre de deux courants, dont l'un, populaire et d'esprit carnavalesque, cherche à se dégager du genre narratif et tire ses sujets de la vie même, et l'autre, plus élitiste, comme plus restreint géographiquement, prend ses thèmes dans le patrimoine culturel de l'époque – notamment la littérature courtoise – mais les transpose et les actualise dans un souci évident de réalisme (*Le Théâtre médiéval, profane et comique*, Larousse, Paris, 1975).

Le théâtre comique médiéval s'est ainsi constitué tardivement, près de deux siècles après le théâtre religieux, issu de la liturgie et des représentations paraliturgiques, et par opposition à lui, car c'est entre sacré et profane que passe la distinction des genres au Moyen Âge, et non entre comique et tragique, comme dans l'Antiquité et à l'époque classique. D'autre part, ce n'est qu'au XVe siècle que ce théâtre comique s'est véritablement diversifié en genres distincts possédant leurs conventions propres, tels que sermons joyeux, monologues, moralités, sotties et farces, qui s'opposent certes mais se rejoignent aussi dans une commune volonté de satire et de didactisme.

❐ **Monologues et sermons joyeux.** Les premières manifestations d'un théâtre populaire spontané semblent avoir été les parodies de la vie religieuse sous la forme des sermons burlesques, ou les caricatures de types sociaux dans des monologues d'hommes à tout faire, d'amoureux ou de soldats fanfarons. Aux parodies de boniments, comme *Le Dit de l'Herberie* (XIIIe s.) de Rutebeuf ou celui *du Mercier* (XIIIe s.), répondent les vantardises ou récits de mésaventures qui dégonflent un type de personnage immortalisé par *Le Franc-Archer de Bagnolet* (v. 1480). Pour passer de ce qui n'était en définitive qu'un jeu dramatique avec une part considérable de mime à une forme à proprement parler de théâtre, c'est-à-dire pour que le monologue devienne une mise en scène dialoguée, il a suffi d'inclure un rôle secondaire d'interrupteur, questionneur ou contestataire, qui concrétisait les réactions du public, puis de lui accorder une psychologie égale à celle du premier rôle, tout en travestissant les personnages.

❐ **Farces et sotties.** Les monologues, qui étaient des formes populaires de théâtre fondées sur une esthétique de la participation du public, ont alors rejoint un autre courant dramatique issu, lui, des milieux cultivés des écoles et des « sociétés joyeuses », notamment celles des Basochiens, des Fous et des Sots. De cette rencontre sont sorties, au XVe siècle, les pièces plus complexes des farces et des sotties, que différenciaient le traitement des thèmes et la conception des personnages. Il est habituel ainsi d'opposer l'esprit de divertissement, le comique franc et tolérant des premières à l'esprit satirique contestataire et engagé des secondes, l'ancrage dans la réalité des unes à l'action symbolique des autres.

❐ **Un exemple de théâtre engagé : la sottie.** En effet, si la farce peut être considérée comme une « tranche de vie », la sottie se veut une satire allégorique de la société et de la politique du temps. Le personnage central conventionnel du Sot, censeur que sa fonction critique place dans « un rapport d'exclusion-supériorité » avec la société (J.-C. Aubailly, *op. cit.,* p. 107), à la fois hors de la société et au-dessus d'elle, fait passer celle-ci au tribunal de sa conscience et en dénonce impitoyablement les vices et les tares. Cette satire sociale et politique, car les abus spécifiques du régime ne sont pas oubliés, est avant tout d'ordre moral. La soif de puissance et d'argent qui mène le monde entraîne une perte des valeurs morales et un manquement à leurs devoirs des diverses classes sociales, qui courent ainsi à leur perte. En sa qualité de théâtre engagé, la sottie peut dès lors être une arme politique aux mains de l'autorité (Louis XII l'a utilisée contre la papauté), comme servir à une opposition de classe, en particulier celle que constituait la moyenne bourgeoisie des grands centres textiles du Nord. Elle a d'ailleurs eu à faire face à maintes reprises aux tracasseries de la censure, qui a fini par avoir raison d'elle au XVIe siècle.

Genre intellectuel, la sottie s'organise autour d'un message qui donne une logique démonstrative à l'action de la pièce et rend sa structure même signifiante. Conçue sous forme de séance de tribunal, de revue de prévenus divers, de jugement ou d'action allégorique, elle intègre dans un jeu stylisé, calculé et invariable, les nombreux personnages présents sur scène comme autant de pions sur un échiquier symbolique. Car ces personnages ne sont que des types pris hors du réel et dépourvus d'individualité psychologique, sinon des entités abstraites, symbolisant des fonctions (le Sot) ou des appartenances sociales (le Peuple, l'Église) ou encore des concepts allégoriques (la Folie, le Temps qui court), causes du chaos social. Théâtre d'idées, sans vrais personnages, et où la prise de position didactique l'emporte sur l'exigence qui nous est familière d'illusion théâtrale, la sottie n'en est pas moins un genre dramatique moderne par sa conception et représentatif de cet esprit voltairien satirique que l'on a coutume d'opposer au rire franc de la farce.

❒ *Une « tranche de vie » prise sur le vif : la farce.* Tout autre paraît en effet être la farce. Par ses personnages peu nombreux et ancrés dans la réalité quotidienne, par son action linéaire, récit caricatural d'une anecdote, et son comique immédiat et grossier, elle diffère en tous points de la sottie.

Pièce courte, écrite le plus souvent en octosyllabes, elle évolue de la simple parade, mise en scène d'un bon tour (d'où l'expression « faire une farce à quelqu'un »), dispute conjugale ou proverbe en action (comme dans la *Farce des Femmes qui font accroire à leurs maris de vessies que ce sont lanternes*), qui n'est en fait que le développement sans surprises d'une situation initiale fort simple, à la pièce plus complexe, construite en diptyque avec effets de symétrie et retournement de situation. Le bon tour peut en effet se retourner contre son auteur comme dans la *Farce du Pâté et de la tarte* (1470) où, voulant récidiver, le voleur de pâté se fait rosser par le pâtissier, tandis que l'autoritarisme de la femme dans le sketch conjugal peut faire le jeu du mari. C'est le cas de la *Farce du Cuvier* (fin XVe s.). Il est difficile toutefois de parler d'intrigue à propos d'une action progressant par simple redoublement ou renversement d'une situation initiale. Le terme même de progression peut paraître impropre car, bien souvent, la farce n'est qu'une « succession de mouvements » (A. Tissier, *Farces du Moyen Âge*, Flammarion, Paris, 1984, p. 7). D'autre part, n'étant pas la résolution d'une intrigue, elle ne conclut pas. Elle s'achève simplement sur un adieu des acteurs adressé directement au public.

Sur ce schéma de base se greffe toute une série de procédés dynamiques et comiques : le déguisement auquel ont recours le mari jaloux pour avoir la preuve de l'inconduite de sa femme, ou l'amant pour tromper le mari ; le retour répété et inattendu du mari qui gêne les amants (*Farce de Pernet qui va au vin,* après 1510), à moins que ce ne soient les interruptions tout aussi inopportunes du valet « badin » ; ou enfin la cachette inconfortable où est contraint de se réfugier l'amant pour échapper au mari. Tous ces procédés peuvent bien entendu être répétés ou redoublés en cascade, provoquant ce que H. Bergson a appelé un comique de « diable à ressort » ou de « boule de neige » (*op. cit.,* p. 53, p. 61).

La technique dramatique de la farce reste donc assez simple et varie peu d'une pièce à l'autre ; car on est encore loin, même dans *La Farce de Maître Pathelin* (v. 1470), la plus élaborée de tout le répertoire médiéval, de la complexité d'action dont la comédie latine, la comédie italienne et la comédie espagnole ont donné le modèle au XVIIe siècle (voir chap. 3) et qu'a perfectionné le vaudeville au XIXe siècle (voir chap. 5). C'est sur le thème du « trompeur trompé » qu'elle repose essentiellement, sur l'effet d'« inversion » produit toutes les fois qu'un personnage tend les filets où il viendra lui-même se faire prendre (H. Bergson, *op. cit.,* p. 72). D'où une interversion de rôles, un retournement de la situation contre celui qui l'a créée, que les deux temps parallèles de la pièce servent à mieux mettre en relief. Dans *La Farce de Maître Pathelin*, le stratagème, conseillé par l'avocat Pathelin à son client pour tromper le juge, se retourne contre lui au moment où il cherche à se faire payer. Dans la *Farce du Cuvier*, l'épouse acariâtre, qui impose à son mari toute une série de tâches domestiques inscrites sur son « rolet », court le risque de demeurer au fond de la cuve où elle est tombée, car « cela n'est pas dans [s]on rolet ». Des farces comme celle du *Gentilhomme et de Naudet* (déb. XVIe s.) ou celle du *Poulier à six personnages* (1500) sont même des illustrations comiques de la loi du talion où, pour se venger des hobereaux qui convoitent leur femme, Naudet et le meunier n'hésitent pas à leur rendre la monnaie de leur pièce en séduisant les nobles dames, piquées ou curieuses de l'inconduite de leur époux.

Les personnages de ce monde sont du reste tous des médiocres, dépourvus d'intelligence et de sens moral, et qui ni n'attirent la sympathie, ni ne soulèvent vraiment l'indignation du spectateur : l'homme y est un être stupide et veule, mari trompé, content ou résigné, ou amant entreprenant mais lâche devant le danger ; la femme est une coquine rusée et sensuelle ou une épouse fidèle et acariâtre ; les valets sont des niais, des naïfs réels ou feints (les « badins »), ou des malins ; les religieux sont des viveurs paillards qui, contrairement à leurs pareils des fabliaux, arrivent généralement à leurs fins ; les médecins sont des charlatans, et les marchands, pâtissiers ou savetiers, des voleurs âpres au gain. Quoiqu'évoluant dans la réalité quotidienne de la ville et de la campagne, au milieu des incidents de la vie domestique, ce ne sont pas des individus personnalisés, ni des caractères, mais des types simplifiés et schématiques d'humanité, réduits à quelques travers et vices essentiels, à quelques pulsions primitives de l'être, ou à quelques traits sommaires de caractère. À la limite ce sont des représentants de catégories sociales qui reflètent la division de la collectivité. Les noms qu'ils portent sont révélateurs de cette conception symbolique du personnage, qui tire son peu de personnalité de sa condition familiale ou sociale : l'Homme, le Mari, la Femme, l'Amoureux, le Badin, le Curé, le Gentilhomme, etc. D'ailleurs ils n'évoluent pas ; ils sont fixés une fois pour toutes dans l'esthétique du genre et la mémoire collective du public, où ils s'organisent en deux groupes tranchés, les trompeurs, rusés et sans scrupules, qui triomphent, et les sots et crédules, bernés, battus, cocufiés et contents. Moteur de l'action, le principe de la tromperie sert également à classifier les personnages.

Tous les procédés du comique volontiers grossier, voire obscène de la farce, comique visuel de gestes et de coups, comique de mots, comique de situation, concourent à la ridiculisation de cette humanité médiocre. Les travaux sur la *Psychocritique du genre comique* de Ch. Mauron ont su éclairer cet « esprit tendancieux » de la farce, ce rire satirique agressif et cruel dans sa grossièreté, qui s'attache ici plus à la personne morale qu'à l'appartenance sociale et professionnelle (sauf peut-être en ce qui concerne les commerçants et les hommes de loi, métiers dont l'homme médiéval a le plus à souffrir dans la réalité quotidienne). Les nobles et les membres du clergé sont ainsi plus utilisés comme rouages de l'action – les trompeurs aidés par leur position sociale – que comme représentants d'une classe ridiculisée. En effet, ce dont la farce se moque, c'est de la sottise, mais aussi de la prétention (vantardise du franc-archer, pédantisme du maître, faux savoir du médecin), ou de tout autre signe de démesure et de méconnaissance de soi ; c'est de la femme et de son insatiable appétit sexuel, mais aussi de l'avarice et de la jalousie du mari, de son impuissance et de sa crédulité. Rien n'échappe au rire impitoyable, mais ce rire est encore la seule façon de supporter un monde moralement inacceptable. La fantaisie verbale analysée par R. Garapon dans *La Fantaisie verbale et le comique dans le théâtre français* (A. Colin, Paris, 1957), ainsi que tous les autres procédés du comique visent en fait à enlever au rire le caractère de gratuité souvent invoqué. La farce est une leçon de résignation à la vie telle qu'elle est. À la différence de la sottie, elle ne prône pas un changement. Populaire au sens d'ouverte et accessible à tous par ses conditions de représentation, la farce pourrait aussi être populaire au sens où Bakhtine entend le terme, car elle reflète « une vision du monde carnavalesque qui montre l'interdit, le bas, les violences et qui prend le parti d'en rire » (Ch. Mazouer, *Farces du Grand Siècle,* Livre de Poche, Paris, 1992, p. 10). De fait, plus d'une farce illustre crûment les fonctions naturelles du corps humain : on mange, on boit, on urine, on fait l'amour sans aucune inhibition, car cela est aussi naturel et nécessaire que de respirer. Le comique vise vers le bas et l'utilisation de cette grossièreté est aussi une façon de rabattre l'intellectualisme et la vanité de l'homme. Le rire est ici abaissement, rabaissement même de l'humain.

Moins inquiétée par la censure que la sottie, la farce a fleuri aux XVe et XVIe siècles avant d'essuyer une première tentative de coup d'arrêt de la part de la Pléiade. Mais si la grande littérature a choisi désormais de l'ignorer, la tradition de la farce a persisté sous son nom sur les tréteaux des rues en province et à Paris, comme d'ailleurs dans le genre nouveau de la *comédie humaniste* qui la rejette. En effet, le premier modèle du genre, *L'Eugène* (1552/3) de Jodelle, écrit en octosyllabes comme la farce, ne s'organise-t-il pas autour du thème satirique farcesque du cocufiage d'un mari balourd par un ecclésiastique paillard et rapace ? D'autre part, dans les dernières années du XVIe siècle, une autre tradition comique et populaire, originaire elle d'Italie, s'est introduite en France, dont le succès a marqué durablement le jeu dramatique français.

La tradition italienne : la « commedia dell'arte »

C'est en 1571 en effet que la première troupe itinérante italienne, celle des *Gelosi*, est venue en France à l'appel des souverains pour divertir la cour. D'autres l'ont suivie, dont celle des *Fedeli* dans les années 1620. Revenus en 1644, les comédiens italiens se sont même installés définitivement à Paris au Palais Royal en 1662. Pendant ainsi plus d'un demi-siècle, ces troupes professionnelles ont aidé à disséminer non seulement en France mais dans toute l'Europe une matière comique héritée des comédies latines et néo-latines de la Renaissance, et une technique de jeu basée sur la stylisation et l'improvisation.

❏ *Une « commedia mercenaria »*. Les origines de la *commedia dell'arte* restent encore mal définies. On a souligné tour à tour les liens avec le mime populaire latin et italien, ou avec les *atellanes*, forme de spectacle improvisé et masqué originaire de Campanie, les sources plautiniennes, l'héritage du théâtre médiéval et la parenté avec les spectacles populaires et carnavalesques. Quoiqu'il en soit, c'est au milieu du XVIe siècle que ce genre nouveau de pièce et de théâtre est apparu, de pair avec la formation de troupes professionnelles. Car la *commedia dell'arte* est d'abord une *commedia mercenaria*, qui mêle motivations économiques et professionnalisme des acteurs. Pour répondre à la demande et satisfaire les attentes d'un public hétérogène, les comédiens non seulement ont multiplié les genres dramatiques proposés, mais ont développé aussi un genre nouveau, quasi artisanal, qui reposait sur l'élaboration de pièces stéréotypées à l'aide de techniques d'improvisation, et où importaient surtout métier et savoir-faire. D'où la coexistence, dans ces pièces, de formes de spectacle populaire ainsi que de matériaux et d'un style appartenant à la culture lettrée.

À partir d'un noyau originel de sketches familiers des tréteaux, bâtis sur les rapports du maître et du serviteur, se sont développées des intrigues plus étoffées et plus structurées, qui portaient la marque de l'influence à la fois du théâtre antique et de la comédie humaniste italienne, de la *novella* et de scènes de la vie quotidienne. Situées dans un décor sommaire de rue ou de place, avec maisons ou auberge en arrière-plan, ces intrigues s'organisent autour de travestissements, d'erreurs sur la personne, de conflits entre jeunes et vieux, et de complications sentimentales, où l'on retrouve les schémas traditionnels de la comédie latine.

Aux scènes filées, à la progression logique et bien équilibrée de l'intrigue, la *commedia dell'arte* préfère le découpage en unités d'action et la mise en relief de la scène à faire. Les éléments nécessaires à l'intrigue y alternent avec les « ornements » qui, sans être nécessairement hors d'intrigue, fonctionnent comme fragments quasi autonomes. On distingue ainsi quatre types principaux de matériau comique : les *tirate*, longues tirades ou monologues de louange, de reproche ou de plainte ; les *dialoghi amorosi* à la rhétorique travaillée ; les *bravure*, rodomontades extravagantes des capitans ; et les *lazzi* et *burle*, bouffonneries verbales et gestuelles des serviteurs.

Ce découpage en unités scéniques et la rapide rotation des unités favorisent également l'organisation en ensembles contrastés des personnages, tant au niveau des comportements que de la gestuelle et du langage, ainsi que leur présentation par grands traits pittoresques plutôt que par accumulation de détails et profondeur psychologique. Plus encore que des types, ce qui sous-entendrait la cristallisation d'une passion souvent unique, les personnages sont des masques, plus ou moins circonscrits par des attributs visuels (comme la batte d'Arlequin ou les joues creuses et le nez crochu de Pantalon), et pleins d'une vie propre, individuelle, quoique guère vraisemblable. D'ailleurs le masque de cuir que la plupart portent sur le visage, a pour effet, en soulignant l'aspect stylisé et théâtral du monde représenté, d'établir une distance – mais non un divorce – entre ce monde et celui de la vie de tous les jours.

Ce sont des êtres au nom invariable, au caractère fixe, capables de se répéter, et qui viennent animer une intrigue et une histoire à laquelle ils préexistent et à laquelle ils imposent une structure immuable. Car ce sont avant tout des rôles (ou *parti*), parmi lesquels Perrucci distingue ainsi en 1699 les *innamorati* (deux couples ou plus), les *vecchi* (principalement Pantalone, vieillard ridicule par son avarice et sa passion sénile, et le Dottore, pédant bavard et sot), les *capitani* fanfarons (Spavento, Fracassa, Coccodrillo, etc.), les nombreux *zanni*, dont le nombre même rend la classification difficile, les uns intelligents et rusés, les autres balourds et naïfs (Scapino, Scaramuccia, Brighella, ou Arlecchino), Pulcinella le Napolitain stupide, sans oublier la *servetta*, délurée ou vulgaire, et les autres rôles secondaires. On aura reconnu, mais comme codifiée, la typologie mise en place par Plaute dans la comédie latine. Assurant la continuité de l'interprétation, chaque rôle est joué, souvent toute une vie, par le même acteur, à qui le nom du personnage sert de pseudonyme, ce qui accentue en quelque sorte l'identité de l'acteur et du rôle.

Le rôle se caractérise par son automatisme. Certains *lazzi* (on appelle ainsi les accompagnements de la parole par le geste) lui sont propres. Celui du rire et des larmes appartient par exemple au *vecchio* que son fils vient de quitter, comme celui de la mouche caractérise Polichinelle, à qui son maître demande s'il n'est entré personne dans la maison en son absence, et qui répond « pas une mouche » en faisant un geste approprié de la main.

Les comportements sont également très stylisés et l'attention du spectateur est attirée par l'expression corporelle souvent outrée des personnages. N'oublions pas que le masque porté par la plupart des personnages limite nécessairement les possibilités de jeux de physionomie. D'où le report de l'expressivité sur le geste. Mais il convient de ne pas exagérer toutefois cette primauté du geste par rapport au verbal dans la *commedia dell'arte*. En effet, si certains rôles, comme ceux des *zanni*, mettent effectivement l'accent sur un élément de comique physique, d'autres, comme ceux des *innamorati*, sont essentiellement oratoires et beaucoup moins comiques.

En outre les discours tenus, loin d'être des improvisations libres, s'articulent souvent autour de morceaux tout faits, plus ou moins mémorisés, qui reparaissent pièce après pièce. Les comédiens italiens improvisent généralement à partir de canevas préparés à l'avance et utilisent dans leur jeu tout un répertoire de recettes éprouvées conservées dans des *zibaldoni*. Ainsi s'explique l'aspect disparate des pièces, mélange de rhétorique formelle, de *concetti* extravagants, de reparties spirituelles et d'éléments d'un comique facile et bas, volontiers obscène et scatologique.

❒ *La comédie italienne en France.* Les séjours prolongés en France des comédiens italiens dans la seconde moitié du XVIIᵉ siècle et une grande partie du XVIIIᵉ siècle ont inévitablement entraîné une modification du répertoire traditionnel de la *commedia dell'arte*, qui prend désormais le nom de « comédie italienne » : diminution de l'importance de l'intrigue romanesque et extension des « ornements », réduction de la part du verbal au profit de la mimique et de la bouffonnerie, évolution des rôles qui se rapprochent davantage des stéréotypes sociaux et dramatiques français, introduction d'un élément de satire sociale en réponse au goût indigène et enfin utilisation de la langue française. Ne voyons pas dans ces changements des signes de décadence, mais au contraire, comme l'a bien vu Virginia Scott (*The Commedia dell'Arte in Paris ; 1644-1697*, Univ. of Virginia Press, Charlottesville, 1990), le prolongement de l'esprit d'adaptation à son public qui est l'essence même de la *commedia dell'arte*.

Avant même ces changements, par-delà les particularités de l'improvisation sur canevas et de l'emploi des masques, et l'impression de fantaisie gratuite de l'ensemble, c'est par bien des côtés que la *commedia dell'arte* se rapproche de la tradition comique française de la farce. C'est en effet à une même psychologie simplifiée qu'elles ont recours toutes deux, à une même volonté de privilégier le rythme comique aux dépens de l'agencement logique de l'action, à une même exubérance verbale ainsi qu'à une même dépendance des jeux de scène pour leurs effets comiques.

La farce au XVIIᵉ siècle

La farce s'est renouvelée en France au contact de l'art et du jeu italiens. Elle connaissait en même temps un regain de vie. En témoignent l'activité et le succès des farceurs français dans la période 1610-1630, qu'il s'agisse de Tabarin et de Mondor sur les tréteaux de la place Dauphine, de Grattelard au Pont-Neuf ou du trio de l'Hôtel de Bourgogne, composé de Turlupin, de Gros-Guillaume et de Gaultier-Garguille. Guillot-Gorju et Jodelet leur succéderaient quelques années plus tard. En effet, malgré le deuxième coup d'arrêt que représentent la tentative de purification du théâtre sous l'égide de Richelieu dans les années 1630, et l'établissement de la comédie régulière, des farces ont continué d'être jouées sur les tréteaux parisiens comme en province. Les premières pièces de Molière sont même des farces véritables qui exploitent pareillement les deux traditions, comme *La Jalousie du Barbouillé* (s.d.), bien française par le désaccord du couple principal, ou *Le Médecin volant* (s.d.) dont le sujet, avec son histoire d'amours contrariées, s'inspire lui, en revanche, d'un canevas italien.

❒ *Les thèmes farcesques.* En outre, les petites comédies en un acte que jouent Molière et ses contemporains sont bien aussi, moyennant quelques accommodements, dans la lignée de la farce, à laquelle elles empruntent leur structure et leurs thèmes : crainte du cocufiage et déboires de la vie conjugale. *Les Précieuses ridicules* (1659) ne sont-elles pas la mise en scène d'un bon tour, et la comédie-ballet du *Mariage forcé* (1664) un avant-goût d'un mariage mal assorti ? Par ailleurs, l'esthétique de la farce continue de marquer certaines des grandes comédies moliéresques en trois ou cinq actes. *George Dandin* (1668) reprend ainsi le schéma de *La Jalousie du Barbouillé*, et *L'École des femmes* (1662) n'est autre que l'histoire d'un barbon amoureux que sa future épouse trompe avec un autre homme.

Autant que l'on puisse en juger par le petit nombre de textes de la période qui ont survécu, la farce continue d'être un « théâtre d'acteurs », marqué par le schématisme des types et des situations, et dominé par le rire. Un mécanisme assez élémentaire de redoublement, de parallélisme ou de renversement régit le développement d'une situation de départ fort simple : il s'agit toujours de la mise en œuvre d'une tromperie mue par la force du désir amoureux, mais élaborée à partir de la structure de base des rapports maître/serviteur et associée de plus en plus désormais à l'intrigue italienne des amours contrariées. Les « farces tabariniques » mettent ainsi en scène les desseins, traversés par toutes sortes de ruses, de travestissements et de mises en sac, d'amoureux, jeunes ou vieux, qui en veulent à la femme ou à la fille du voisin ; tandis que celles de l'Hôtel de Bourgogne optent pour les machinations d'un serviteur qui met sa ruse au service des amours de sa jeune maîtresse ou de son jeune maître contre un père abusif ou un mari possessif. C'est le cas par exemple de la *Farce plaisante et récréative* (1622). Toutes ces farces se terminent habituellement par une rixe et une bastonnade générales qui coupent un peu court à l'action.

Cette fantaisie, cette invraisemblance à l'italienne sont venues se greffer sur le vieux substrat populaire français de tableau de la vie quotidienne des petites gens, qu'elles font un peu oublier. Mais, dans la seconde moitié du XVIIe siècle, un effort sensible de réalisme de la part des auteurs mène à l'introduction de traits de mœurs pris à la vie et à la société contemporaines, qui enrichissent les situations et les localisent dans le temps et l'espace. En même temps, les milieux décrits changent et le petit peuple cède la place à la bourgeoisie, voire à la petite noblesse. Molière se penche alors sur les problèmes de l'éducation et de l'émancipation des femmes, et disserte sur les ridicules de la préciosité. Dancourt se consacre, lui, dans ses petites pièces – les fameuses *dancourades* – à la peinture des modes du temps et des faits divers de l'actualité. La psychologie des personnages s'approfondit, même si elle reste encore caricaturale. Par ailleurs l'intrigue s'étoffe et se complique. Mieux construite, comme mieux écrite, la farce s'allonge pour couvrir tout un acte.

❐ **L'évolution des types.** C'est également au niveau des types que la farce se renouvelle. Les vieillards amoureux, pères ou maris, les docteurs pédants, les capitaines fanfarons, les valets balourds, héritiers en partie du « badin » de l'ancienne farce, ou les coquins rusés ont fini par remplacer les anciens types généraux du Mari et de la Femme. Et si les uns continuent d'être masqués, les autres ont un visage barbouillé de farine et grimaçant. Leur costume, leur ton de voix, leur débit de parole les distinguent également les uns des autres. Gros-Guillaume et Jodelet s'opposent ainsi à Turlupin et à Gaultier-Garguille. Ce sont eux qui font le succès de la farce. Jodelet devient même un type littéraire, celui du valet de comédie, lâche, vantard, goinfre et bouffon, pour lequel Scarron écrit des pièces sur mesure. D'autres types également célèbres de valets sont créés par des auteurs-acteurs : Crispin par Poisson, Guillot par Chevalier, comme Mascarille et Sganarelle par Molière, qui emprunte le premier, valet intrigant et inventif, aux Italiens et le second, être veule et faible, à la tradition française.

Or, malgré ce renouvellement des types, c'est toujours l'homme éternel qui est montré avec sa bêtise, son obstination têtue, sa grossièreté, ses illusions sur soi et sur les autres, et sa déconvenue finale. Et l'on continue de se moquer de lui, de le ridiculiser sans ménagements et sans grande subtilité. Bagarres, coups de bâton, gags, *lazzi,* grimaces, gestes outrés, plaisanteries gauloises et autres excès de langage, le jeu est à la charge et vise surtout à faire rire. Mais, en devenant petite comédie, la farce s'est affinée et affiche désormais des prétentions littéraires, des ambitions sociales ou morales. Elle annonce la comédie de mœurs du XVIII⁰ siècle (voir chap. 3).

Un avatar tardif de la farce : la parade

La dernière forme qu'a prise l'ancienne farce française avant la Révolution, c'est la parade. Genre issu des foires du XVIII⁰ siècle, héritières elles-mêmes des traditions des farceurs du siècle précédent, la parade a commencé par être un boniment, un dialogue pimenté de grossièretés et de coups de bâton, ayant pour but de piquer la curiosité du spectateur et de l'inciter à assister au spectacle proprement dit. Reprise par les théâtres de société vers 1730, elle est entrée dans les salons, mais sans rien perdre de sa gauloiserie. Au contraire, tout semblait permis dans un genre censé venir de la rue et réservé, comme le dira Beaumarchais, au « demi-jour d'un salon peu éclairé ». Les intrigues et les titres (comme par exemple *Isabelle grosse par vertu*, 1738, ou *Les Plaisirs du cloître*, 1773) sont révélateurs d'une immoralité qui montre comment un genre dit « populaire » s'est en fait adapté à l'esthétique libertine qui fleurit dans les romans, pour devenir une forme littéraire sous la plume d'un Gueullette ou d'un Beaumarchais.

❐ **Intrigues et personnages.** Les intrigues, notamment chez Beaumarchais, varient peu : Léandre veut épouser Isabelle, demoiselle de fort petite vertu, et souvent même enceinte de ses œuvres (quand elle ne lui a pas déjà donné plusieurs enfants), mais le père s'oppose au mariage. Toute l'action se ramène dès lors à une suite de stratagèmes, de disputes et de violences physiques destinés à convaincre ce dernier d'accepter le fait accompli. C'est à quelque chose près le thème habituel de l'intrigue à l'italienne des amours contrariées. Dans *Jean-Bête à la Foire* (1760-1765), l'un des protagonistes le résume ainsi :

> [...] on sait que messieurs les beaux Léandre ont de tout temps été les ennemis jurés des bonhommes Cassandre, et que, de père en flûte, ils leur ont toujours fait des niches.

Les personnages continuent d'être des types figés, des masques qui, sous leurs noms francisés (Cassandre pour le père noble, Léandre pour l'amoureux, Isabelle ou Colombine pour les filles, et Gilles ou Arlequin pour les valets), cachent une ascendance italienne. Toutefois, avec les années, cette francisation s'accuse : les personnages changent de nom – Léandre devient ainsi Jean-Bête –, tandis que d'autres apparaissent, bien français ceux-là, comme Mme Oignon, la gargotière, ou Mme Tire-Poupart, la sage-femme. D'autre part, la fixité des personnages n'empêche pas, chez les meilleurs auteurs, de subtiles variations sur leur identité et leur emploi. Ainsi, chez Beaumarchais, des remarques d'ordre politique et social leur confèrent une certaine épaisseur bien que, malgré le désir évident de se démarquer de la tradition, la satire des temps et des gens en place n'aille jamais très loin.

On retrouve dans la parade le même comique de dérision que dans l'ancienne farce et les mêmes procédés d'expression de ce comique, qui se manifeste à la fois visuellement et verbalement. Visuellement, par une gestuelle érotique, pour ne pas dire obscène, et des grimaces grotesques ; verbalement, par un langage d'insultes et de grossièretés voilées où dominent les images du bas corporel. S'y ajoutent des particularités linguistiques propres à la parade, et notamment un zézaiement constant, des cuirs et des mots estropiés ou inventés à caractère faussement populaire, comme « sesque » ou « tartagème ». L'extrait ci-dessous d'*Isabelle grosse par vertu*, de Gueullette, est un exemple caractéristique de ce type de discours comique :

> Premièrement, charmante z'Isabelle, c'est que puisque vous êtes grosse, monsieur votre père ne périra jamais que de ma main. [...] S'il vous avait mise de bonne heure z'à l'Hôpital, je n'aurais pas le désagrément que j'ai t'aujourd'hui. La brebis n'est point coupable quand elle est mangée par le loup. Ce n'est pas la faute de l'abricot quand il est tacheté par les morsures des injustes frelons ; et quand l'enfant demande t'à faire caca, c'est la faute de madame sa mère s'il vient z'à foirer dans ses chausses.

❏ *Un art conventionnel.* De par son langage, comme de par ses intrigues et ses personnages, la parade est un art de conventions, artificiel et figé. Prévost l'a définie en 1755 dans son *Manuel Lexique* comme une « sorte de Comédie fort à la mode dans ces derniers temps, où le plaisant est poussé jusqu'au ridicule, par des caractères forcés, de fausses allusions, de mauvaises pointes, & des peintures sans vraisemblance ». Ainsi condamnée, elle n'en a pas moins exercé une influence déterminante sur la production comique de l'époque, et tout particulièrement sur le théâtre de Beaumarchais, dont *Le Barbier de Séville* (1775) n'est autre, en définitive, avec son barbon ridicule berné par de jeunes amoureux sans scrupules, qu'une parade étoffée et épurée. Plus d'un siècle après Molière, l'invention farcesque et le rire ont refait leur entrée dans la grande comédie littéraire qui s'était sclérosée et assombrie au Théâtre-Français (voir chap. 4).

Avec la décadence des théâtres de société, la parade est passée des salons aux scènes des Boulevards à partir de 1770, mais en subissant une double transformation. Désormais moins grossière, elle est devenue une « comédie-parade » et de parlée qu'elle était à l'origine, s'est agrémentée d'ariettes, faisant une part toujours plus grande à la musique. Elle n'en a pas moins été interdite en 1803, avant de mourir vers 1807-1809 au terme d'une longue évolution.

La renaissance de la farce

❒ **L'héritage du naturalisme.** Après une longue éclipse pendant tout le XIXe siècle, qui a vu le développement de nouvelles formules comiques à partir du modèle commode de la pièce « bien faite » élaboré par Scribe, la farce renaît au tournant du siècle sous l'influence des théories naturalistes du théâtre. Au nom de la vérité, Zola et ses disciples ont proposé la conception d'un théâtre « tranche de vie », d'un théâtre libéré des conventions formelles qui, si elle intéresse surtout le drame, touche également la comédie et, à travers elle, la farce dans sa tradition française de réalisme quotidien.

❒ **Courteline et Feydeau.** Courteline et Feydeau ont ainsi écrit de petites pièces en un acte, consacrées à la peinture du « huis clos » conjugal et des petitesses de l'existence quotidienne par des procédés de comique traditionnel. Ces pièces n'ont pas à proprement parler d'intrigue, mais sont au contraire construites autour de situations piquantes ou absurdes, qui se prolongent contre toute attente, se répètent ou se retournent brutalement, ou qui reposent sur de minces équivoques, parfois des quiproquos, surtout chez Feydeau. Plus encore que ce dernier, toujours marqué par l'esthétique du vaudeville, avec ce que cela comporte de péripéties mouvementées et d'effets de surprise (voir chap. 5), Courteline opte pour la structure symétrique traditionnelle de la farce française avec ses deux moments complémentaires, artificiellement rapprochés par un retournement soudain. Dans *Le Commissaire est bon enfant* (1899), le manque d'égards du commissaire envers les divers plaignants mène ainsi tout droit aux avanies dont l'accable à son tour le fou Floche.

Mais, plus que de ces situations types, somme toute éculées, de querelles stupides et de discussions mesquines, c'est de l'observation même des êtres que jaillit ici le comique. La technique caricaturale utilisée par les deux dramaturges, de déformation et de vraisemblance, d'exagération et de détail vrai, sert à mieux faire ressortir la sottise et l'égoïsme des personnages, la vanité irresponsable de l'homme, que Feydeau montre affligé d'une épouse ignorante, agressive, obstinée et souvent vulgaire. La Julie d'*On purge bébé* (1910) n'est qu'une souillon asservie au moindre caprice d'un moutard insupportable, prénommé Toto, personnage neuf de la farce familiale, tandis que l'impudeur inconsciente de la Clarice de *Mais n'te promène donc pas toute nue* (1911) finit par compromettre la carrière de son mari. On retrouve chez Courteline ce nouveau type de femme inculte et insubordonnée, bête, ingrate, voire perverse comme l'Adèle de *Boubouroche* (1893), qui fait preuve d'une grande finesse dans l'art de tromper son protecteur. Mais cette « mégère non apprivoisée », pour reprendre l'heureuse expression de M. Achard (« Georges Feydeau, notre grand comique », *Cahiers Renaud-Barrault,* n° 32, déc. 1960, p. 53), reste malgré tout attirante car l'homme est faible.

Comme dans toute farce qui se respecte, la possibilité du cocuage plane et le foyer voulu paisible est un enfer où se heurtent deux êtres peu intelligents et égocentriques. La vie de couple sous toutes ses formes (que ce soit le mariage, le cocuage, ou le « collage ») est un échec, mais la responsabilité de cet échec est partagée. L'homme est aussi coupable que la femme. Réputée misogyne, la farce en fait n'épargne personne. Proche de la « comédie rosse », elle subit ici l'influence d'Antoine et du Théâtre Libre, et réagit à la fois contre l'image, optimiste au fond, de l'homme que projette la « comédie sérieuse » d'un Augier ou d'un Dumas fils (voir chap. 4), et contre la bonhomie de la dénonciation par le vaudeville des infirmités intellectuelles et morales de l'homme (voir chap. 5).

Plus encore que Feydeau, Courteline s'en est également pris à l'absurdité des institutions sociales dans leur ensemble, dont le mariage n'est qu'un cas particulier. Illustrations de la bêtise et de la méchanceté du monde, la justice avec ses magistrats malhonnêtes, la bureaucratie avec ses fonctionnaires routiniers et inefficaces, l'armée avec ses militaires prisonniers du règlement, la police enfin, bornée et tyrannique, représentent tout ce qui sert à brimer l'homme et sont, de ce fait, dénoncées. Exemplaire, la farce cache désormais une leçon, une morale. Elle dénonce l'injustice et l'atteinte à l'humanité et à la liberté de l'homme.

Seul le comique est alors à même d'atténuer ce que cette peinture peut avoir de cruel et de désabusé. L'agitation bouffonne, les coups qui pleuvent et les assiettes qui volent et que reçoit parfois un tiers qui essaie de s'interposer dans une querelle de ménage comme le pique-assiette Des Rillettes dans *Les Boulingrin* (1898), le côté énorme de certains faits ainsi que l'automatisme des comportements noient sous un éclat de rire le pessimisme foncier de ces farces conjugales et sociales. Le réalisme satirique de ces courtes pièces, contemplation sans illusion de l'homme moyen et de ses défauts, ne s'accompagne dès lors d'aucune indignation véritable. Le rire est à la limite un rire indulgent, qui en veut aux défauts de l'homme plus qu'à l'homme lui-même ; il ne suscite en définitive que pitié pour ses faiblesses et ses chimères.

La farce de l'entre-deux-guerres

❒ **Les théories de Jacques Copeau.** Le besoin de détente ressenti par le public de l'après-guerre, les travaux de Jacques Copeau au Théâtre du Vieux-Colombier pour « délivrer le théâtre des pressions vulgaires – histrioniques et commerciales – qui l'abrutissent » (*Souvenirs du Vieux-Colombier*, 1931), « débarrasser la scène de ce qui l'opprime et la souille », « décabotiniser l'acteur » (*Critiques d'un autre temps,* 1923) et épurer la forme dramatique, ont sans doute contribué à la nouvelle vogue de la farce dans les années 1920. En effet, les théories du metteur en scène sur une conception particulière du jeu comique comme représentation, à travers une série de gestes et de poses, des archétypes de la vie humaine, allaient dans le sens d'une renaissance de la farce, en même temps que d'une redécouverte de la *commedia dell'arte* et de Molière le farceur.

La farce ne se caractérise-t-elle pas en effet par la schématisation des personnages et la stylisation par le geste de leur comportement ? D'autre part, pareille mystique du geste demandait le dépouillement du décor, sa réduction non réaliste aux tentures et aux tréteaux, afin que fût évitée toute distraction, toute évasion de l'essentiel, et favorisée la mise en valeur de ce geste théâtral.

❒ **Les types de farce.** Roger Martin du Gard, l'ami de Copeau, Jules Romains, que Copeau félicita d'avoir fait revivre la tradition bien française d'une comédie claire et directe, inspirée par l'esprit du temps, ses caractères, ses ridicules, sa vie sociale et ses mœurs politiques, Marcel Pagnol également ont alors écrit des farces : farces médicales (*Knock,* 1923), où se mêlent la satire traditionnelle d'un type professionnel, renouvelée toutefois par le déplacement de l'accent satirique de la technique médicale à sa publicité, le jeu à la charge du protagoniste, première victime de sa supercherie, et une composition en sketches selon un procédé d'exagération croissante ; farces paysannes à l'humour noir, où se fait encore sentir l'influence du Naturalisme dans la peinture d'un monde dur et âpre au gain (*Le Testament du père Leleu*, 1914) ; farces du milieu véreux des affaires (*Topaze*, 1928), également construites sur le retournement comique inhérent au thème du « À trompeur trompeur et demi », la présence du type du badin qui finit par tromper son monde, et le cynisme d'une philosophie désormais familière : « les hommes ne sont pas bons. C'est la force qui gouverne le monde. »

Toutes ces pièces mettent en œuvre les techniques consacrées de l'ancienne farce, que ce soit le recours à une structure reposant sur la symétrie, le parallélisme et le retournement de situation, l'exploitation des thèmes de la ruse et de la fourberie, le grossissement mécanique des effets, le schématisme du type, le réalisme caricatural et satirique du tableau, ou le didactisme de la leçon. Mais la satire porte davantage désormais sur le social. La peinture est celle de milieux bien contemporains. Quant à l'homme lui-même, il n'a à vrai dire guère changé. Cupide, menteur et volontiers égrillard, il est toujours aussi facile à berner.

Le renouveau de la farce

❒ *La farce flamande.* C'est d'auteurs flamands que devait venir, dans l'entre-deux-guerres, le véritable renouvellement de la farce, grâce à des œuvres originales où, par-delà la différence des procédés, se lit une même ambition de donner une image de l'homme actuel.

❒ *Crommelynck* a peint ainsi, dans un style de l'outrance et de la violence verbale, l'être primitif que chacun porte en soi sous le masque, avec sa méchanceté et son sadisme, son cynisme, mais aussi la souffrance que lui causent sa quête incessante de la vérité et le doute insupportable qui y répond. Cette vision nouvelle et sans fard de l'homme, qui s'insère dans un cadre flamand purement décoratif, est transposée délibérément dans un registre comique à la limite du vraisemblable. Renouvelant le thème du cocuage, le protagoniste du *Cocu magnifique* (1921) ira ainsi, poussé par ce doute qui le ronge, jusqu'à offrir sa femme à qui veut bien la prendre, et cela pour avoir enfin une preuve de son infortune : « Et j'ai le remède à ce doute, le remède absolu, immédiat, la panacée universelle : pour ne plus douter de ta fidélité, que je sois certain de ton infidélité. »

❒ *Ghelderode.* À la violence truculente de Crommelynck répond le mélange haut en couleurs d'horreur et de gros comique des œuvres d'un autre Flamand d'expression française, Ghelderode, dont l'inspiration médiévale colore un monde manichéen où s'opposent le bien et le mal, l'esprit et la chair, l'être et l'apparence. Figures grimaçantes à la Brueghel et à la Bosch, les personnages simplifiés y sont des êtres indignes qui ploient sous le poids de la chair et de la matière ; ils sont l'incarnation même des appétits extériorisés (gloutonnerie, désir sexuel, avarice) que fait naître cette matière. Sur tous planent le mystère de la mort, négation de cette vie de la chair et des sens, et son angoisse. Car la mort est partout présente, qu'elle fasse le sujet même de la pièce comme dans *Mademoiselle Jaïre* (1949), ou qu'elle en constitue la fin ironique et brutale comme dans *Magie rouge* (1956) ou *Hop Signor !* (1938). Le théâtre de Ghelderode est un théâtre métaphysique, construit autour d'une vision hallucinatoire de la vie humaine comme « une parodie de la Création, une farce douloureuse », où s'interpénètrent le tragique et le bouffon (J. Guicharnaud, *Modern French Theatre*, Yale Univ. Press, New Haven & Londres, 1967, p. 166). C'est aussi un théâtre très visuel et éminemment verbal, qui recourt à des techniques variées de mime et de guignol, dans la lignée des spectacles populaires et forains, pour mieux mettre en évidence la théâtralité de la vie elle-même.

Ainsi, malgré leur style et leur ton différents, l'œuvre de Crommelynck et celle de Ghelderode ont su conduire à une même rénovation des structures et du langage de la farce et donner une image nouvelle de l'homme, « dont la Flandre est moins le modèle que le prétexte » (P. Voltz, *op. cit.*, p. 173). Image nouvelle qui, si elle traduit les découvertes de la psychanalyse moderne, est bien malgré tout dans l'esthétique traditionnelle de la farce, puisqu'elle insiste une fois de plus sur la force des pulsions primitives qui mènent l'homme.

Au terme d'une carrière qui a mis l'accent tantôt sur une fantaisie un peu irréelle, tantôt sur un réalisme stylisé, et où un comique facile et grossier s'est souvent superposé à une satire cruelle de l'homme et de la société, la farce est bien près du drame. La célébration toujours présente du bas corporel y prend une valeur de revanche de la vie sur l'omniprésence de la mort, et le rire, grinçant, mais dérisoire, n'est plus qu'une façon de s'étourdir, de compenser l'angoisse.

Exemplaire par le type de comique utilisé, d'une désacralisation complète de l'individu et des institutions, la farce présente une vision exagérée totalement négative et pessimiste du monde. Mais elle le fait d'une manière contradictoire, c'est-à-dire sur un ton joyeux incongru qui en modifie absolument la nature et les effets. En ce sens, elle ressort d'une esthétique de la dérision, qui l'apparente par certains côtés aux développements récents du théâtre de l'absurde (voir chap. 7).

TEXTE

■ La syntaxe dynamique de la farce

S'inspirant en partie des travaux de V. Propp sur La Morphologie du conte, *Bernadette Rey-Flaud s'est attachée à montrer comment la simplicité et le schématisme apparents de la farce médiévale cachent en réalité une construction rigoureuse à partir d'un schéma tripartite essentiel, centré sur un moment déterminant, celui de la ruse.*

À partir de quoi nous avons pu établir l'existence d'un mécanisme, déclenché par une tromperie et qui fonctionne toujours suivant un processus identique, avec des rouages constituant un ensemble solidaire. Cette constatation impose l'idée d'un ensemble fonctionnel tripartite, assimilable à un groupe syntaxique centré sur le verbe, la tromperie jouant le rôle déterminant de ce verbe.

Le groupe se présente schématiquement donc ainsi :

situation initiale (état) / action = tromperie (verbe) / situation finale (état).

      1   2   3

Véritable moteur de l'action, c'est la tromperie qui permet le passage de la situation initiale à la situation finale. L'ordre est toujours le même, dans une succession immuable, au centre de laquelle le verbe (l'action) est représenté par une tromperie. Ce schéma apparaît invariablement, dès que l'on étudie un mécanisme de farce.

Il est important, dès à présent, de préciser le rôle assumé par le « verbe » dans ce passage d'une situation à l'autre. Il a, en effet, une action décisive et essentielle sur l'ensemble que nous venons de délimiter en fonctionnant soit comme un « inverseur » qui renverse la donnée initiale, soit comme un « catalyseur » qui lui assure une assise définitive. Il infirme ou confirme la situation de base, mais dans les deux cas, il y a changement, car il n'y a pas équivalence entre le départ et l'arrivée.

Dans le cas de l'inversion, on a, au départ, une donnée, un état de fait. Puis intervient une action (la tromperie) qui renverse cet état et conditionne l'état final, inversé par rapport à la donnée initiale. L'ensemble peut se figurer ainsi :

État + / Action = tromperie / État -

   1   2   3

ou

État - / Action = tromperie / État +

   1   2   3

Dans le deuxième cas, le changement est plus subtil. On a une situation initiale précaire et hasardeuse, que l'action centrale va permettre d'assurer d'une façon définitive, ce qui apparaît dans la situation finale. Entre le point de départ et l'arrivée, il y a incertitude d'une donnée qui se trouve parfaitement établie par la mise en œuvre de l'action centrale.

On pourrait proposer le schéma suivant :

État (+) / Action = tromperie / État +

ou

État (-) / Action = tromperie / État -*

C'est à ces schémas très simples que nous ramène le plus souvent l'étude d'une farce, ainsi la plus célèbre d'entre elles : la farce de *Maistre Pierre Pathelin.*

In : Bernadette Rey-Flaud, *La Farce ou la machine à rire.*
Théorie d'un genre dramatique (1450-1550), Droz, Genève, 1984, pp. 229-230.

---

* Les signes (+) et (-) indiquent une situation donnée au départ mais qui reste précaire et qui ne se trouve assurée, +, -, qu'après l'action motrice déterminante de la tromperie.

3

Le primat des règles :
la comédie classique

Vers 1550 environ s'est dessiné un mouvement d'origine lettrée qui cherchait à imposer une nouvelle forme de théâtre comique, intitulée « comédie », conçue à la fois par opposition à la farce médiévale et sur le modèle de la comédie latine. Il s'agissait en effet de redonner au genre un état et une dignité qu'il avait perdus et auxquels il ne pouvait espérer atteindre que par la pratique de règles qui le situaient par rapport aux genres supérieurs de la tragédie et de l'épopée. Au cœur de la nouvelle esthétique, fondée sur une interprétation parfois abusive des préceptes d'Aristote et d'Horace, l'exigence de vraisemblance, unie au respect des bienséances, allait déterminer les modalités de cette représentation fidèle du réel à laquelle aspirait désormais la comédie. Par ailleurs la notion de « comique » se séparait de celle de « risible », le rire n'était plus senti comme composante de base du genre, mais comme simple accessoire, dont la fonction par rapport à l'intention morale des œuvres resterait mal définie.

Période d'exploration et de réflexion, ces années ont été l'époque où se sont élaborées des théories et établies des conventions qui ont déterminé pendant près de deux siècles l'art dramatique français. Cette évolution n'a pas été propre à la comédie. Comme elle, et peut-être plus encore, la tragédie a participé d'un même mouvement d'ordre et de rationalisation, tant était fort le sens de l'unité des lois du théâtre en dépit de l'exigence de séparation des genres. Mais on ne saurait trop souligner combien cette instauration d'un théâtre régulier a été en réalité progressive et heurtée, et à quel point il est difficile de réduire la comédie, même en pleine période classique, à une formule unique.

La comédie humaniste

Tel est le nom donné aux réalisations de ce petit groupe de poètes qui, sous l'égide de la Pléiade, ont tenté de renouveler le genre comique par un retour à la comédie latine, ramenée au modèle térencien et comprise en fonction des commentaires du dramaturge latin par Donat. Or, cette imitation des Anciens a été médiatisée par la connaissance d'une série d'œuvres plus récentes, sorties de la plume des humanistes italiens de la Renaissance qui, renouant avec la tradition antique, avaient proposé un modèle de comédie déjà imitée de la *Néa* et représentant, notamment dans sa conception de l'espace scénique, une avance sur le théâtre médiéval, dont les poètes français cherchaient justement à se démarquer.

Appelée *commedia erudita* ou encore *commedia sostenuta*, celle-ci est avec ses cinq actes, souvent séparés par des intermèdes musicaux, une pièce « ample », bien construite et régulière, qui respecte dans son principe les unités de temps, de lieu et d'action. Comédie d'intrigue, elle reprend dans l'ensemble les schémas dramatiques de duperie et de travestissements de la comédie latine, mais en les agrémentant de rebondissements imprévus et de situations piquantes, qui empruntent leurs traits romanesques à la *novella* libertine de Bandello et de Boccace. D'où souvent la substitution d'une aventure galante et osée à l'intrigue archétypale d'amours contrariées. Les personnages habituels de la *commedia*, vieillard amoureux ou père autoritaire et avare, *innamorato* hardi, valet rusé, fanfaron, entremetteuse, rappellent ceux de la comédie latine, bien qu'ils aient été modifiés en fonction du goût du jour ; de nouveaux personnages, comme le moine hypocrite, ont également fait leur apparition. Presque tous sont des types qui valent plus par le rythme qu'ils impriment à la pièce que par un développement du caractère ou une profondeur psychologique. Ils n'en représentent pas moins, par leur appartenance à un monde autonome, quoiqu'issu du réel, une évolution sur la facture symbolique du personnage du théâtre médiéval français. Enfin, comme le fait remarquer P. Voltz (*op. cit.*, pp. 32-33), la nouvelle conception de l'espace scénique, avec son utilisation de la coulisse et le remplacement de l'ancien décor médiéval dispersé par un décor unique de rue bordée de maisons ou de place publique (fixé en *scena comica* par Serlio en 1545), qui fait fi de la vraisemblance mais favorise rencontres ou « écoutes », contribue à orienter ce théâtre vers un usage réaliste de la scène. Or cet usage est le signe d'une évolution générale vers une nouvelle esthétique théâtrale, celle de l'« illusion dramatique ».

❒ *Une réaction contre la farce.* Ces réalisations italiennes sont venues à l'appui de la réflexion intellectuelle des humanistes français sur l'art dramatique. Après l'intérêt tout livresque pour le théâtre antique manifesté par les érudits du début du XVIe siècle, les années 1550 ont vu la création de pièces sur le modèle latin et italien, ainsi que l'éclosion d'une polémique assez violente chez de jeunes auteur comme Jodelle, Grévin, La Taille, Belleau ou Baïf. Ceux-ci ont affirmé leurs intentions novatrices en matière esthétique et morale dans les prologues et autres textes liminaires de leurs pièces, en même temps que dans une série d'*Arts poétiques*. Citons, parmi les plus caractéristiques de cet état d'esprit, l'*Art poëtique* de Peletier du Mans (1555), les *Poetices libri septem* de Scaliger (1561), les prologues des *Corrivaux* de Jean de La Taille (1562) et de *L'Eugène* de Jodelle (1552/3), ainsi que l'*Au lecteur* (1561) de Grévin et son *Brief discours pour l'intelligence de ce théâtre* (1561).

C'est avant tout contre la farce qu'est dirigée cette polémique, qui lui reproche à la fois sa grossièreté, son manque de construction rigoureuse et d'intrigue suivie, comme la gratuité de ses effets comiques, tentant par là de lui prendre son public. Moins provocants, les manifestes littéraires de la génération suivante des auteurs, dont Larivey et Turnèbe, qui n'étaient plus les jeunes poètes d'une avant-garde littéraire, mais des juristes ou des ecclésiastiques, poètes à leurs heures, mettent en revanche davantage l'accent sur les mérites de la comédie régulière, qui a sur tous autres divertissements l'avantage de

> [...] delecte[r] les yeux, les oreilles et l'entendement : les yeux, par la variété des gestes et personnages y representez [...] les oreilles, par les plaisans et sentencieux discours qui y sont meslez ; et l'entendement, par ce que, la comedie estant le mirouer de nostre vie, les vieillards aprennent à se garder de ce qui paroist ridicule en un homme d'aage, les jeunes à se gouverner en l'amour, les dames à conserver leur honesteté, et les pères et mères de famille à soigner aux affaires de leur mesnage. (Larivey, Prologue, *La Veuve*).

Car la comédie telle que l'entendent nos humanistes nourris à l'école de l'Antiquité, a un but didactique et moral, qui vient s'ajouter à sa valeur de divertissement. La représentation offerte doit permettre d'approfondir la connaissance de l'homme et offrir des règles de conduite.

❒ *À l'exemple de la tragédie...* Conçue en réaction contre la farce, la comédie humaniste se définit également dans le cadre de la classification des Anciens et par opposition à la tragédie. Les humanistes ont gardé le sens de la hiérarchie entre les genres et situent la comédie au bas d'une échelle dont l'épopée occupe le haut et la tragédie le milieu. Différant de cette dernière par la qualité de ses personnages, la nature de ses sujets et de son dénouement ainsi que par son style, la comédie s'en rapproche au contraire par sa structure formelle et son objet. C'est justement cette parenté qui peut conférer sa dignité à la comédie.

La comédie a ceci de commun avec la tragédie qu'elle présente le même découpage en cinq actes et en scènes, et qu'elle est le développement d'une action dont la structure en trois parties principales découle de la division aristotélicienne :

> La Comédie a trois parties principales, sans le Prologue. La première, est la proposition du fait, au premier Acte : laquelle est appelée des Grecs *Protasie*. Et en elle s'explique une partie de tout l'Argument, pour tenir le Peuple en attente de connaître le surplus. La seconde, est l'avancement ou progrès, que les Grecs disent *Epitasie*. C'est quand les affaires tombent en difficulté, et entre peur et espérance. La tierce, est la Catastrophe, soudaine conversion des choses au mieux. (Peletier, *Art poëtique*).

La comédie humaniste est donc une pièce construite, où la structure de l'action, conçue comme concentrée, correspond à peu près au découpage en actes. À cela s'ajoute un autre précepte dégagé par les théoriciens et qui l'apparente aussi à la tragédie, celui des unités de lieu et surtout de temps (seule mentionnée par Aristote), posé en principe mais pas toujours suivi. Ce n'est en effet qu'au siècle suivant que ce principe a été érigé en règle impérative par la comédie dite classique ou régulière. Nous y reviendrons.

D'autre part, comme tout poème dramatique et *a fortiori* comme la tragédie, la comédie est une imitation, une *mimesis*. En effet, Aristote, dont la *Poétique* n'est découverte qu'au milieu du XVIe, avait écrit que :

> L'épopée et le poème tragique, comme aussi la comédie, [...] sont tous d'une manière générale des imitations ; mais ils diffèrent entre eux de trois façons : ou ils imitent par des moyens différents, ou ils imitent des choses différentes ou ils imitent d'une manière différente et non de la même manière. (*Poétique*, 1447a).

Plus connue, la description par Cicéron de la comédie comme « *imitationem vitae, speculum consuetudinis, imaginem veritatis* » était fréquemment citée, et notamment par Grévin, qui l'appelle « imitation de vie, mirouer des coustumes, et image de verité » *(Brief discours)*. De même que celui-ci y voit la peinture des « diverses manieres de vivre entre les citadins de moyen et bas estat », Larivey et Peletier jugent appropriée l'image du « miroir de la vie : parce qu'en elle s'introduisent personnes populaires » (Peletier, *Art poëtique*). Tragédie et comédie sont donc toutes deux des miroirs de l'action humaine, mais alors que la tragédie reflète les passions nobles, la comédie est un tableau de la vie quotidienne des petites gens (Grévin, *Brief discours*).

Deux critères s'imposent alors pour juger de la perfection de l'imitation, de la valeur de cette représentation de la réalité qu'est la comédie : celui, mal défini, de « vérité » et celui de « naturel », critères qui, pour Peletier, ne peuvent être satisfaits qu'à condition de « garder la bienséance, selon la condition et état de chacune » des personnes représentées *(Art poëtique)*, entendons ici le principe de convenance auquel se référait déjà Aristote *(Poétique,* 1454a) et qu'ont repris Cicéron dans le *De Oratore* et Horace dans son *Art poétique* (v. 114-127, 156-179). Pensées, habitudes, émotions, langage des personnages, tout dans la pièce doit désormais dépendre de ce principe. Mais ce souci du réalisme et la volonté d'introduire des personnages vivants et individualisés d'après nature conduisent les auteurs à représenter les situations les plus scabreuses dans un langage parfois assez cru. La scène de séduction de Geneviève par Basile à l'acte III des *Contents* (1584) de Turnèbe est décrite par le valet Antoine en termes de « danser le branle de un dedans et deux dehors ». La réalité des mœurs justifie le tableau proposé.

❐ *À la différence de la tragédie...* « *In Comoedia mediocres fortunae hominum, parvi impetus periculaque, laetique sunt exitus actionum.* » Les commentaires de Donat ont ainsi fixé au IVe siècle les limites de la comédie, qui s'oppose tout d'abord à la tragédie par la nature de l'action imitée, ici la représentation de destinées « médiocres » (Peletier dira « de personnes de basse condition »), tels que vieillards, jeunes gens, serviteurs, filles de bonne maison et autres, dont les mœurs, bonnes ou mauvaises, sont celles de la « réalité quotidienne ». Les protagonistes des *Ébahis* (1561) et de *La Trésorière* (1559) de Grévin sont ainsi des trésoriers, des « protenotaires », des avocats, des lavandières, pris entre leurs obligations professionnelles et leurs désirs amoureux. Ailleurs ce sont des ramoneurs que l'on voit au service de courtisanes et de maquerelles, comme dans la pièce de ce nom.

Or, malgré le souci de réalisme déjà évoqué, les personnages mis en scène ne sont pas considérés comme des individus, mais constituent bien plutôt une galerie de types représentatifs d'aspects caractéristiques de la nature humaine. Pièce après pièce, on assiste ainsi au retour de personnages stylisés remplissant des emplois distincts : vieillards amoureux de tendrons, comme le Josse des *Ébahis*, sexagénaire frileux et catarrheux, qui s'imagine épouser la jeune Madelon ; pères sévères ou indulgents ; soldats fanfarons ; pédants ; entremetteuses ; servantes, personnage promis à une longue postérité ; jeunes héroïnes timides ou délurées qui se laissent facilement séduire par leur amoureux, comme la Madelon des *Ébahis* ou la Geneviève des *Contents* ; serviteurs, héritiers de l'esclave et du parasite romains, qui apparaissent toujours en conjonction avec leurs jeunes maîtres, galants volages des nouvelles de Boccace ou amants fidèles de la tradition courtoise, auxquels ils servent de repoussoirs par leur attitude à la fois gouailleuse et terre-à-terre. Le couple Basile-Antoine des *Contents* est un des meilleurs exemples de ce procédé dramatique, qui permet des éclairages différents d'une même situation.

C'est sur leurs rapports que sont construites les pièces, sur les effets de contraste qu'ils entretiennent entre eux. Car, à l'exemple de la comédie latine dont elle se réclame, la comédie humaniste française reprend inlassablement les mêmes intrigues de trompeurs et de trompés, reposant sur le principe traditionnel d'élimination progressive des obstacles ou des périls sans danger qui entravent les desseins – moraux ou non – du protagoniste principal. Cette intrigue « affairée » – le *poema negotiosum* recommandé par Scaliger (*Poetices*, I.v) – , qui importe plus que le développement du caractère et que servent à compliquer travestissements et ruses multiples, est une intrigue sentimentale, celle des amours contrariées de jeunes gens, que sous-tend l'éternel conflit de la vieillesse grondeuse et de la jeunesse triomphante. Le jeune avocat, amoureux de Madelon dans *Les Ébahis*, finit par coucher avec elle, au nez et à la barbe des deux vieillards, Gérard, le père, et Josse, le futur mari, et par l'épouser.

En effet, « en la Comédie, les choses ont joyeuse issue » (Peletier, *Art poëtique*), alors qu'en la tragédie le dénouement est triste et malheureux (mort, exil, ou tout autre renversement de fortune). Mais, comme la catastrophe tragique, la fin heureuse de la comédie procède, selon les indications de Donat, d'une « *conversio rerum* » et d'une révélation inattendue de la vraie face des choses. Cette révélation peut prendre la forme soit d'une reconnaissance opportune, soit d'une découverte du fait accompli. L'obstacle au mariage d'Antoinette et de l'Amoureux dans *La Reconnue* (1564) de Belleau, disparaît avec la découverte de la véritable identité de la jeune fille.

Enfin, dernier critère qui différencie la comédie de la tragédie, le style. Peletier écrit :

> Partant, elles doivent être du tout différentes en style. La Comédie parle facilement, et comme nous avons dit, populairement. La Tragédie est sublime, capable de grandes matières tant principales que dépendantes. (*Art poëtique*).

Ainsi, alors que la tragédie relève du sublime, la comédie est un exemple de « style », non pas bas et vulgaire (Grévin, *Au lecteur*), mais « familier » ou encore « moyen », qui imite « les communes manieres de parler » (Grévin, *Brief discours*). C'est le *stylo populari* de Scaliger ou le *mediocri stilo* de Badius, en tout approprié aux personnages, à leur personnalité, comme à leur âge, leur sexe et leur condition. Aux serviteurs appartient alors le parler par proverbes et dictons, expressions traditionnelles de la sagesse populaire, tandis que les capitans n'ont à la bouche qu'hyperboles et métaphores militaires.

Le niveau de langue des personnages, comme leur comportement, est donc régi par la convenance. C'est elle également qui va dicter à certains, notamment Larivey, l'utilisation de la prose au lieu des vers, et cela contre l'exemple des Anciens mais à l'instar de leurs imitateurs italiens de la Renaissance :

> [...] je l'ay faict parce qu'il m'a semblé que le commun peuple, qui est le principal personnage de la scène, ne s'estudie tant à agencer ses paroles qu'à publier son affection, qu'il a plutost dicte que pensée. (Larivey, *Épître,* 1579).

Or les contrastes de tons qui s'établissent entre les personnages, fonctionnant comme marques de distinction sociale, qu'il s'agisse du style galant des amoureux ou de la gauloiserie de leurs serviteurs, relèvent déjà du principe de la vraisemblance qui sera au cœur de l'esthétique classique.

Malgré ce souci réaliste de l'emploi d'une langue à l'image du parler quotidien, les auteurs se louent d'avoir ramené le bon ordre sur la scène et évité les « gros mots qu'on ne peult entendre » (Grévin, « Avant-Jeu », *Les Ébahis*) en faveur d'« un françois aussi pur et correct qu'il s'en soit veu depuis que nostre langue est montée à ce comble » (F. d'Amboise, Préface, *Les Napolitaines,* 1584). Marqués par l'esthétique classique et le respect des bienséances, les hommes du XVIIe siècle ont jugé toutefois encore trop osées certaines scènes et trop cru le langage, même si la comédie humaniste représentait déjà une avance considérable en ce domaine sur la farce médiévale.

❏ **Des pièces « facecieuses » ?** De fait, si la comédie humaniste vise à « divertir », elle ne cherche pas nécessairement à faire rire, et tout le comique des pièces ne peut qu'être subordonné à leur but premier de récréation. Il est intéressant par ailleurs de constater que les auteurs se sont dans l'ensemble peu préoccupés de définir le comique, ni les moyens de le susciter, si ce n'est encore une fois par opposition aux procédés de la farce, car la comédie est, elle, tissue :

[...] non d'inepties qui, comme choses gosses et peu honnestes, font rire les ignorans, mais d'une modeste gayeté et soigneuse prudence qui emeuvent encores les plus doctes. (Larivey, Prologue, *La Veuve).*

Des trois sources possibles de comique, la comédie humaniste a surtout exploité, notamment chez Larivey, les possibilités du discours. Sans recourir aux procédés de fantaisie verbale de la farce, ni aux *lazzi* de la *commedia dell'arte*, celui-ci a, dans ses meilleures œuvres, su créer un dialogue alerte qui, par un fréquent recours à l'aparté ironique et à l'emploi de proverbes amusants et d'expressions pittoresques du parler populaire, inaugure la prose comique française (P. Voltz, *op. cit.,* p. 38). Les personnages caricaturaux hérités des types de la comédie latine, comme le Capitan ou le Parasite, ou de la farce, tel le Cocu, illustrations d'un travers qui les résume, ont eux aussi une certaine charge comique. À cela s'ajoute le plaisir de l'embrouille, plaisir d'intelligence que font naître les intrigues répétées de tromperies plaisantes, de surprises et de quiproquos, et qui associe le spectateur aux meneurs de jeu dans un sentiment de supériorité sur leurs victimes. Comme le fait remarquer Ch. Mauron dans sa *Psychocritique du genre comique* (pp. 39 et suiv.), l'esprit inoffensif de la comédie d'intrigue a remplacé l'esprit tendancieux de la farce sur la scène française.

Ainsi conçue et réalisée, la comédie humaniste se situe au carrefour de la mise en pratique de réflexions théoriques inspirées de l'*Art poétique* d'Horace et des commentaires de Donat sur Térence, et de l'imitation de modèles latins et italiens par des procédés qui relèvent encore parfois de l'ancienne farce, tant méprisée par ailleurs. Mais le refus des traditions nationales et cette transposition de modèles étrangers se sont soldés dans l'immédiat par un échec auprès du public, fidèle aux anciens genres. Toutefois, l'apparition sur la scène française de nouveaux personnages hérités des types latins a été sans retour et le développement des théories dramatiques introduites allait présider aux destinées de la comédie pendant près de deux siècles. La comédie classique, comme genre moyen entre la tragédie et la farce, était en germe dans la comédie humaniste.

Théorie du théâtre régulier

Après une éclipse durant les trois premières décennies du XVIIe siècle, qui ont vu en revanche l'essor de la tragi-comédie qui, avec ses meurtres, viols et incestes, entretient le goût du public pour les spectacles d'horreur, la comédie renaît dans les années 1630 sous l'impulsion de jeunes auteurs comme Corneille, Rotrou ou Mairet. La protection déterminante que Richelieu, alors ministre, a accordée au théâtre, si elle était à certains égards l'expression d'une préférence personnelle, entrait aussi et surtout dans une stratégie d'exaltation de la France et d'affirmation par rapport aux plus éclatantes réussites de l'Antiquité et de l'Italie de la Renaissance. Le théâtre devait devenir l'expression privilégiée d'une civilisation qui n'avait plus rien à envier à celles qui l'avaient précédée. D'où la croyance en la nécessité d'en faire un « art », et comme tel soumis à un code de doctrine, à un ensemble de « règles » qui pouvaient l'approcher de la perfection. D'où le besoin aussi de faire régner plus de décence dans les pièces et, pour ce faire, de commencer par réformer les mœurs des spectateurs. Le développement de la vie mondaine, la présence des femmes à la comédie, comme la volonté des auteurs d'en tenir compte, ont facilité cette épuration.

En même temps on en est revenu aux principes formulés par Aristote, transmis – et déformés – par le travail des commentateurs italiens, Scaliger et Castelvetro, et redécouverts par les humanistes français du XVIe siècle : l'art est une *mimesis*, une imitation de la nature, qui répond à une triple exigence de *docere, movere* et *delectare*. Les fins morales de cette illusion du vrai ont d'ailleurs été soulignées moins par Aristote, qui n'a vu dans l'art qu'un instrument de plaisir, que par Horace, pour qui :

Omne tulit punctum qui miscuit utile dulci,
Lectorem delectando pariterque monendo.
(mais il enlève tous les suffrages celui qui mêle l'agréable à l'utile,
sachant à la fois charmer le lecteur et l'instruire.) (*Art poétique*, v. 343-344).

Le devoir de la comédie, même la plus simple, sera dès lors de « corriger les hommes en les divertissant », comme le proclame Molière en 1664 dans le « Premier placet au roi » du *Tartuffe*.

❏ *La formulation des règles.* L'examen de la nature des règles et de leur application doit tenir compte de deux facteurs. D'abord, malgré le dogme de la séparation des genres, le sentiment de l'unité des lois du théâtre est tel que les théoriciens ne s'occupent souvent que de l'art dramatique en général, dont la comédie ne représente qu'une espèce. En outre, genre réputé inférieur, la comédie a du mal à se dégager de ce mépris où elle est tenue, et rares sont ceux qui se soucient de définir ses règles propres.

D'autre part, cette élaboration des règles a été progressive et mouvementée, et souvent fonction de la pratique. La codification a suivi dans bien des cas les tentatives concrètes d'exploration de nouvelles formules. Chapelain, qui semble avoir joué dans les lettres le rôle joué par Richelieu en politique et favorisé le passage à un ordre nouveau, en a été le véritable artisan. Nombre de textes théoriques venus à l'appui de « querelles » littéraires ont ponctué les étapes de ce passage : tels la *Lettre* de Chapelain à Godeau en 1630, qui a défendu les « unités » ; toute une série de préfaces de 1632 à 1639 ; les textes de la querelle du *Cid* en 1637 ; ceux de la querelle des *Suppositi* en 1639 qui, autour de la comédie de l'Arioste, ont opposé Chapelain à Voiture, partisan du bon sens et du bon goût face aux règles ; et *La Poétique* de La Mesnardière qui, la même année, a fixé la doctrine et consacré l'autorité des règles.

Corneille, même s'il s'est plié aux exigences des règles, en a discuté l'interprétation. Ainsi, comme Molière, il insiste sur la nécessité de s'élever au-dessus de leur observation tatillonne et étroite pour atteindre à une plus haute compréhension des règles véritables de l'art théâtral. Pour les deux plus grands dramaturges du siècle, la grande règle est de plaire au public, et les règles proprement dites ne sont que des « adresses » (Corneille, « À Monsieur P.T.N.G. », *Médée,* 1639) pour en faciliter les moyens au poète :

> Je voudrais bien savoir si la grande règle de toutes les règles n'est pas de plaire, et si une pièce de théâtre qui a attrapé son but n'a pas suivi un bon chemin. (Molière, *La Critique de l'École des femmes,* 1663).

Le critère de la valeur d'une pièce est son succès auprès des spectateurs. Plaire donc, mais « plaire selon les règles », car une pièce qui plaît sans cela n'a pas « atteint le but de l'art » (Corneille, *Discours du poème dramatique*). En bon praticien du théâtre, Corneille reconnaît l'utilité de la connaissance de règles qui l'aident dans son métier d'écrivain à s'approcher de la perfection, mais ajoute avec ironie qu'il est difficile de savoir exactement quelles elles sont : en effet, « [i]l est constant qu'il y a des préceptes, puisqu'il y a un art, mais il n'est pas constant quels ils sont ». Plus hardi, Molière prétend pouvoir se passer d'Aristote et de ses commentateurs pour les apprendre. Le bon sens suffit, car

> [...] ce ne sont que quelques observations aisées, que le bon sens a faites sur ce qui peut ôter le plaisir que l'on prend à ces sortes de poèmes ; et le même bon sens qui a fait autrefois ces observations les fait aisément tous les jours sans le secours d'Horace et d'Aristote. (*La Critique de l'École des femmes,* sc. 6).

Malgré ces audaces théoriques, le respect des règles s'impose dans la pratique quotidienne, à la fois pour ne pas heurter les habitudes du public, et pour se concilier les doctes.

❒ *La nature des règles.* Quelles sont donc ces règles, valables pour tout l'art dramatique ? Elles peuvent se ramener essentiellement à trois : la vraisemblance, les unités, qui en découlent, et les bienséances. À ces règles générales s'ajoutent bien entendu des règles propres à chaque genre.

Exigence intellectuelle proscrivant l'arbitraire et l'absurde, la vraisemblance porte sur trois objets : la fable, ou conduite de l'action, les mœurs des personnages engagés dans l'action – et par là elle entre dans la théorie des bienséances –, et la représentation de cette action – elle est alors une des bases de la règle des unités.

Aristote avait défini le vraisemblable par rapport à deux autres notions, celle du « possible » et celle du « réel » (*Poétique*, 1451b), le premier pouvant être défini comme « ce qu'on croit pouvoir se passer », le second comme « ce qui peut se passer » et le troisième comme « ce qui s'est réellement passé » (R. Bray, *La Formation de la doctrine classique,* réimpr. Nizet, Paris, 1974, p. 193). Il est clair dès lors que le vraisemblable trouve ses limites dans les structures mentales du public. Rapin le définit ainsi dans ses *Réflexions sur la poétique de ce temps* (1674) comme « tout ce qui est conforme à l'opinion du public ». Les sujets de la comédie étant par définition inventés, le problème du vrai, dont les rapports avec le vraisemblable sont au centre de bien des controverses sur la tragédie au XVIIe siècle, ne se pose pas au poète comique. Celui-ci doit en effet se contenter, toujours selon Aristote, du possible ou plutôt du vraisemblable (*Poétique*, 1451b), que le philosophe finit par distinguer comme étant une forme supérieure du possible.

C'est dans la fonction moralisante de l'art dramatique que le vraisemblable trouve en fait son fondement. Comme l'écrit Chapelain dans sa préface à *L'Adone* de Marino (1620), le vraisemblable, et non le vrai, « sert d'instrument au poète pour acheminer l'homme à la vertu ». Pour instruire le spectateur, il convient en effet de lui présenter une image à laquelle il puisse ajouter foi, car là où manque cette créance, manque l'émotion nécessaire à la « purgation des passions » et à l'« amendement des mœurs ». Mais pour être crue, cette image qu'on lui propose doit dépasser l'anecdotique et le passager, qui peuvent être difficilement reconnaissables, pour atteindre au « permanent » et au « général ». Par cette « réduction à l'universel » à laquelle aboutit le respect de la vraisemblance, l'imitation de la nature que vise l'art dramatique est celle d'un éternel humain. Ainsi s'explique la volonté de Molière de « représenter en général tous les défauts des hommes » (*L'Impromptu de Versailles*, 1663, sc. 4), c'est-à-dire d'atteindre en quelque sorte à l'humanité essentielle de l'homme par-delà les accidents du temps et des conditions. Le réalisme et le naturalisme classiques aboutissent en fait à un idéalisme (R. Bray, *op. cit.*, p. 214).

En pratique, naturellement, il y a bien des invraisemblances dans la comédie classique, car sont invraisemblables tous ces déguisements non reconnus, invraisemblables toutes ces péripéties qui s'accumulent et s'enchevêtrent, invraisemblable aussi cette psychologie outrée des personnages avec leurs manies extravagantes ou leur bêtise à toute épreuve. Pour faire rire, le poète comique ne doit-il pas exagérément grossir et déformer les traits ? Pour être ridicules, l'avarice d'Harpagon et la vanité de Monsieur Jourdain ne doivent-elles pas être poussées jusqu'à l'absurde ? D'autre part, comme le prétend Racine dans la préface des *Plaideurs* (1668), la charge empêche les personnes visées de se reconnaître dans leurs personnages, mais sans nuire pour autant à la portée générale de la satire.

Le respect de la vraisemblance apparaît donc comme une règle qu'il faut savoir au besoin transcender.

Mentionnée par Horace, la règle des bienséances, à laquelle certains théoriciens comme Rapin veulent assujettir toutes les autres règles, est une exigence morale qui proscrit le choquant. Cette exigence est double : d'un côté, sous le nom de convenance, elle concerne l'accord du caractère avec l'âge, le sexe et la condition du personnage, et par là touche à la théorie des mœurs, déjà exprimée par Aristote (*Poétique*, 1454a) ; de l'autre, elle s'attache au rapport de l'objet avec le goût du public, et est ainsi liée au respect de la mode, au principe d'« honnêteté », d'une manière qui contredit par ailleurs son souci de réalisme historique.

Restée embryonnaire jusque dans les années 1630, cette notion de bienséance, qui traduit le latin *decorum*, a connu un développement parallèle aux efforts d'épuration du théâtre à cette époque. Les contemporains se sont félicités d'avoir banni de la scène française toutes sortes d'« ordures » et d'« impuretés ». Les situations risquées de la comédie humaniste, telle la scène de séduction de Geneviève par Basile à l'acte III des *Contents* de Turnèbe, disparaissent de la nouvelle comédie, comme sont proscrits les mots grossiers ou grivois, « ces sales équivoques et [...] ces malhonnêtes plaisanteries » que fustige Racine dans la préface des *Plaideurs* en une allusion indirecte à Molière. On sait que son « le » de *L'École des femmes* (1662) avait soulevé une tempête de protestations dont il s'était d'ailleurs défendu dans *La Critique* (1663). La comédie se fait modeste, même si, contrairement à la tragédie, elle offre encore parfois une vision du quotidien où l'on continue à manger, boire et dormir.

Formulée par Aristote dans sa *Poétique* et adoptée par les humanistes du XVIe siècle, la règle de l'unité d'action a suscité beaucoup moins de controverses au XVIIe siècle que celles de temps et de lieu. D'ailleurs, même le théâtre romantique, si critique des deux autres, y est resté fidèle. Aristote avait demandé que l'action fût « une et entière » (*Poétique*, 1451a), exigence qui n'exclut pas la présence d'épisodes qui lui sont rattachés sans lui appartenir, et qui servent à l'orner et à l'amplifier, car unité ne veut pas dire simplicité. La Motte opte pour l'expression « unité d'intérêt » (*Suite des réflexions sur la tragédie*, 1730), tandis que Corneille préfère parler d'« unité d'intrique ou d'obstacle » pour la comédie, et d'« unité de péril » pour la tragédie :

> Je tiens donc, et je l'ai déjà dit, que l'unité d'action consiste, dans la comédie, en l'unité d'intrique, ou d'obstacle aux desseins des principaux acteurs, et en l'unité de péril dans la tragédie, soit que son héros y succombe, soit qu'il en sorte. Ce n'est pas que je prétende qu'on ne puisse admettre plusieurs périls dans l'une, et plusieurs intriques, ou obstacles dans l'autre, pourvu que de l'un on tombe nécessairement dans l'autre ; car alors la sortie du premier ne rend point l'action complète, puisqu'elle en attire un second, et l'éclaircissement d'un intrique ne met point les acteurs en repos, puisqu'il les embarrasse dans un nouveau. (*Discours des trois unités*, 1660).

Le problème sera alors, dans la comédie, de relier entre elles ces différentes intriques par un rapport nécessaire, problème pas toujours résolu comme en témoigne la construction assez lâche de maintes pièces, et notamment de *L'Avare* (1668) de Molière.

L'application des deux autres unités, déjà posées en principe, comme l'unité d'action, par la comédie humaniste, mais ignorées par le théâtre du début du XVIIe siècle et redécouvertes en 1630 par Mairet dans *La Silvanire*, s'est heurtée à davantage de résistances. Mais c'est plus leur contenu que leur principe même que l'on a contesté. Ainsi la « révolution du soleil » ou règle d'un jour postulée par Aristote (*Poétique*, 1449b) donne lieu à bien des débats sur son interprétation. S'agit-il de douze heures, ou de vingt-quatre, pour ne pas dire trente, comme incline à le croire Corneille ? L'idéal serait ici une parfaite adéquation du temps réel de la représentation et du temps fictif de l'action représentée. Quant à la règle de l'unité de lieu, dont Aristote ne fait pas mention et qui se dégage peu à peu chez les théoriciens de l'unité de temps, elle proscrit à la fois les anciens décors simultanés du théâtre médiéval, déjà rejetés par la comédie humaniste, ainsi que les changements à vue rendus possibles par les progrès de la scénographie italienne, et conduit à demander en fait une coïncidence absolue de la scène physique, espace de la représentation, et du lieu du déroulement de l'action. Dans la comédie surtout, le lieu tend à se concentrer soit sur une rue bordée des maisons des principaux protagonistes, soit sur une place ou tout autre carrefour, qui peut être un lieu véritable comme dans *La Galerie du Palais* (1632/3) ou *La Place Royale* (1633/4) de Corneille, avant que Molière n'intériorise ce décor en le transportant dans une salle d'intérieur bourgeois.

Nécessitées par le principe de l'« illusion du vrai », imposées par celui de la vraisemblance, ces règles demandent, pour être applicables dans la pratique, des accommodements qui frôlent parfois l'invraisemblance. Corneille fait ainsi remarquer dans son deuxième *Discours* que, « pour conserver l'unité de lieu, nous faisons parler souvent des personnes dans une place publique, qui vraisemblablement s'entretiendraient mieux dans une chambre ». Ses critiques ont reproché à *L'École des femmes* de Molière de ne respecter qu'une fausse unité de lieu en situant l'action de la pièce dans « une place de ville » : il est peu vraisemblable en effet qu'Arnolphe, qui cloître Agnès depuis sa tendre enfance, la fasse descendre dans la rue pour la sermonner sur ses devoirs et lui exposer les lois du mariage. Autre inconséquence de la pièce, la rapidité de la métamorphose d'Agnès d'oie blanche en amoureuse avisée. Et Corneille alors de renchérir,

> [...] si on racontait dans un roman ce que je fais arriver [...] dans *Le Menteur*, on lui donnerait un peu plus d'un jour pour l'étendue de sa durée. L'obéissance que nous devons aux règles de l'unité de jour et de lieu nous dispense alors du vraisemblable, bien qu'elle ne nous permette pas l'impossible. (*Discours de la tragédie*, 1660).

Les règles sont devenues des conventions qui finissent par violer en quelque sorte les principes mêmes auxquels elles étaient censées répondre. Mais acceptées comme conventions, elles sont appliquées sans que le spectateur s'interroge désormais sur leur validité.

❐ *La distinction des genres et la définition de la comédie.* Autre règle importante, remontant à Horace, celle de la distinction des genres, dont cependant les poétiques du temps parlent peu. Car c'est elle qui assure l'unité de ton, complément de l'unité d'action. Ainsi

> *Versibus exponi tragicis res comica non vult*
> *indignatur item priuatis ac prope socco*
> *dignis carminibus narrari cena Thyestae.*
> *Singula quaeque locum teneant sortita decentem.*
> (Un sujet de comédie ne veut pas être développé en vers de tragédie,
> de même le festin de Thyeste ne supporte d'être raconté
> en vers bourgeois et dignes, ou peu s'en faut, du brodequin.)

Que chaque genre garde la place qui lui convient et qui a été son lot.)
                                                      (Art poétique, v. 89-93.)

Il faut rire ou pleurer, et les genres mixtes comme la tragi-comédie ou la pastorale sont condamnés. D'autre part, l'émotion tragique continue de l'emporter sur l'effet comique. La comédie reste un genre inférieur. Chaque œuvre est ainsi classée, rangée dans une catégorie distincte, inscrite à sa place dans la hiérarchie des Anciens, et jugée d'après sa conformité à un modèle idéal du genre (R. Bray, *op. cit.,* p. 303).

La définition classique de la comédie ne s'écarte guère en fait de celle proposée par Donat, reprise par Scaliger et réaffirmée par la comédie humaniste. Poème dramatique, elle se définit tout d'abord par ses « règles d'invention ». C'est au départ toujours une comédie d'intrigue, qui met en scène des personnages de basse ou moyenne condition (peuple ou bourgeoisie), pris dans des actions tirées de la vie quotidienne. Ainsi défini, ce sujet est entièrement inventé, contrairement à celui de la tragédie qui est historique ou fabuleux, et soumis aux lois de la vraisemblance.

La comédie se définit également par ses « règles de disposition », qu'elle partage avec la tragédie. Exposition claire, courte et complète ; nœud constitué des obstacles ou « traverses » aux desseins du principal protagoniste ; résolution de ce nœud ou dénouement par péripétie et reconnaissance, et achèvement subséquent de l'action, nous retrouvons ici la structure tripartite familière. Car la pièce classique est ainsi construite en fonction d'un *crescendo* d'intérêt, qui culmine dans le sommet d'émotion ou *climax* du dénouement (J. Schérer, *op. cit.,* p. 198). Or le dénouement, qui doit être nécessaire, au sens de découlant logiquement de ce qui précède, rapide et complet, car il renseigne sur le sort de tous les personnages, ne coïncide pas toujours avec la fin de l'action. Des conséquences peuvent en être déduites qui, si elles sont lentes, occuperont l'ensemble du Ve acte, alors que le dénouement proprement dit se situera à la fin du IVe acte, procédé déjà observé dans la comédie latine (voir chap. 1).

Ce dénouement est bien entendu heureux (*exitu laetum,* écrit Scaliger), par opposition à celui de la tragédie. Il s'accompagne traditionnellement d'un ou de plusieurs mariages en série, et conclut l'intrigue type d'une aventure amoureuse traversée par la volonté d'un père ou les machinations d'un rival jaloux.

Enfin, la distinction des genres allant de pair avec celle des niveaux de style, la comédie continue d'être associée au style familier, comme la tragédie l'est au style sublime et la pastorale et la tragi-comédie au style moyen (Chapelain, Préface à *L'Adone,* pp. 105-106). Mais, comme la tragédie, la comédie, du moins sous sa forme la plus ambitieuse, est écrite en vers, en alexandrins, et adopte la coupe en cinq actes, même si certaines œuvres, de portée moindre, n'ont encore qu'un nombre impair d'actes, à savoir trois (comme la *commedia dell'arte*) ou un (comme l'ancienne farce). Ce qui peut surprendre, c'est que la définition de la comédie laisse de côté un élément pour nous primordial, le rire. De fait l'objet de la comédie classique n'est pas de faire rire, même si un grand nombre des pièces de l'époque y réussissent. Corneille a pu ainsi se croire justifié à écrire en 1650 dans la dédicace de *Dom Sanche* que « *movere risum non constituit comoediam, sed plebis aucupium est, et abusus* » (susciter le rire ne constitue pas la comédie : c'est une manière de prendre le public et un usage perverti) et à faire de ses propres comédies des « peinture[s] » de la conversation des honnêtes gens » (« Examen », *Mélite, 1660*), qui rejettent tout autant les procédés farcesques que le modèle plautinien d'intrigue et de personnages types. Dans ses remarques sur la comédie, Aristote avait bien introduit la référence au risible, dans lequel les Anciens voyaient une laideur physique ou morale (*Poétique*, 1449a), mais sans expliciter la fonction propre du rire, ni préciser les liens du risible et du comique.

Or, si le but de la comédie est de représenter une humanité dégradée, encore rabaissée par la représentation comique elle-même (Aristote, *Poétique, 1448a*), le rire peut entrer comme moyen dans ce but et aider à démasquer et à corriger cette nature humaine imparfaite. « *Castigat ridendo mores »,* la célèbre formule de Santeul, reprise plus tard par Molière, souligne la fonction didactique et morale du rire. C'est d'ailleurs le seul bon usage du phénomène reconnu au XVIIe siècle, car il s'apparente au rire de Dieu devant l'homme déchu, victime de son orgueil et de son amour-propre (J. Morel, « Rire au XVIIe siècle, repr. *in : Agréables mensonges,* Klincksieck, Paris, 1991, pp. 257-262). Or cet être aveuglé, qui s'illusionne sur soi, c'est précisément le personnage comique, dont le spectateur est invité à se moquer, car il est ridicule. On pense à Boileau s'écriant : « On sera ridicule et je n'oserai rire ? ». Et ce ridicule, c'est, au XVIIe siècle, le « déraisonnable ». On en connaît la définition donnée par l'auteur de la *Lettre sur la comédie de l'Imposteur* (1667) :

> Le ridicule est donc la forme extérieure et sensible que la providence de la nature a attachée à tout ce qui est déraisonnable, pour nous en faire apercevoir, et nous obliger à le fuir. Pour connaître ce ridicule il faut connaître la raison dont il signifie le défaut, et voir en quoi elle consiste.

Plus que le déraisonnable, c'est au fond l'anormal, l'écart par rapport à une norme familiale, sociale ou autre. C'est Alceste se singularisant par sa volonté de sincérité dans un monde régi par les politesses, ou Argan s'imaginant échapper au sort commun à coups d'émétiques et de lavements. « Entrer comme il faut dans le ridicule des hommes » (Molière, *La Critique de l'Ecole des femmes*, sc. 6), c'est aussi miner ce sentiment de jouissance de sa supériorité chez le spectateur et forcer celui-ci à se reconnaître dans ces « miroirs publics » tendus par l'auteur et à y contempler ses propres illusions et son propre ridicule. C'est partir d'un travers individuel, spatialement et temporellement identifiable, pour arriver à une disposition humaine universelle. D'où l'idée d'une *catharsis* comique, fondée sur un double mouvement de dénonciation et d'exorcisation du mal dans la pièce, et sur une double réaction du spectateur, à la fois de moquerie amusée et de connivence (J. Morel, *op. cit.*).

Avec Molière, le rire trouve enfin sa place légitime dans l'histoire de la comédie littéraire. Mais la légitimation de ce comique fondé sur le ridicule du caractère ne peut que s'inscrire au sommet d'une hiérarchie du processus comique, reposant sur la distinction traditionnelle entre comique de gestes, comique de situation, comique de mots et comique de caractère, qui permet de classer les formes du comique. Et si les contemporains de Molière en acceptent la forme élevée, ils reprochent au dramaturge d'avoir également adopté ses formes les plus basses, héritées de la farce et de la *commedia dell'arte* et, à leurs yeux, injustifiées dans la grande comédie :

Dans ce sac ridicule où Scapin s'enveloppe,
Je ne reconnois plus l'Auteur du *Misanthrope*. (Boileau, *Art poétique*, III, v. 399-400).

Les formules de la comédie classique

Ainsi définie, la comédie régulière classique est un cadre large dans lequel se sont inscrites bien des variantes en fonction le plus souvent d'une évolution diachronique vers une imitation plus lâche des Anciens et un accent plus marqué sur la valeur de tableau représentatif des mœurs contemporaines. Cette définition repose sur deux équilibres instables : un double but de « plaire » et d'« instruire », et le rapport action/personnages. La rupture de ces deux équilibres aura tendance à entraîner la comédie soit du côté du divertissant – d'où des pièces courtes, sans grande prétention intellectuelle et franchement comiques – , soit du côté du moral et du didactique, voire du satirique social ou politique, avec des pièces souvent plus longues, où domine la peinture des mœurs. D'autre part, le fait de privilégier l'action aux dépens de la psychologie des personnages aboutit à une formule de comédie d'intrigue où des personnages types sans profondeur déterminent par leurs relations fixées d'avance une intrigue de quiproquos et de rebondissements imprévus et reçoivent leur caractère de la nature de l'action ; tandis que l'attention portée aux personnages ramène l'action à un simple rôle de support de leur développement psychologique ou en fait le prolongement de leur caractère. Ailleurs ce peuvent être, non leurs traits de caractère ni leurs manies, mais leurs sentiments qui font l'objet de l'intérêt de l'auteur. Ce sont alors les comédies romanesques et sentimentales d'un Corneille ou d'un Marivaux. Mais toutes ces distinctions sont en définitive artificielles, car il est toujours difficile de ramener une pièce à une catégorie unique. La plupart en effet présentent des combinaisons à des degrés divers des différentes formules analysées.

❐ **La comédie d'intrigue.** Première formule adoptée par le théâtre régulier, la comédie d'intrigue dite « à l'italienne », pièce bien faite où l'intérêt réside dans l'intrigue elle-même et dans l'imprévu de ses rebondissements. C'est elle qui assure le maintien de la tradition latine. On ne reviendra pas sur ses schémas familiers d'amours juvéniles contrariées par des vieillards revêches, mais protégées par des valets inventifs, ni sur ses dénouements axés sur la reconnaissance, ni sur sa typologie mise en place par Plaute et codifiée progressivement par la *commedia dell'arte.* Stéréotypes de l'imaginaire social, ancrés encore davantage dans la mémoire collective par leur répétition incessante (R. Abirached, *La Crise du personnage dans le théâtre moderne,* Grasset, Paris, 1978, pp. 41-42), ces personnages typés mis en scène ne reflètent qu'indirectement la réalité contemporaine.

Rotrou a opté dans les années 1630-1640 pour cette formule, qu'il a compliquée par un goût romanesque pour la multiplication des péripéties et l'extraordinaire des situations. Molière lui-même, dont la grande comédie de caractère a renouvelé la formule de la comédie classique, a commencé par écrire de véritables imbroglios à l'italienne comme *L'Étourdi* (1653/5) et surtout *Le Dépit amoureux* (1656), où se retrouvent les clichés habituels du genre, substitutions, travestissements et reconnaissances. En outre, même dans ses comédies de caractère ou ses comédies-ballets, comme *L'Avare* (1668) ou *Monsieur de Pourceaugnac* (1669), il a continué par la suite à mettre en scène des intrigues plus ou moins déguisées de valet fourbe, avant de revenir à la fin de sa carrière, avec *Les Fourberies de Scapin* (1671), à un pur scénario de duperie à la Plaute. En fait, la majorité de ses pièces gardent les rôles conventionnels des jeunes amoureux et des pères antipathiques ou facilement bernés, hérités de la Comédie Nouvelle.

Dans les années 1640-1660, une mode dramatique nouvelle importée d'Espagne a éclipsé le type traditionnel de comédie à l'italienne. Il s'agit toujours d'une comédie d'intrigue, mais les ressorts principaux en sont désormais un amour passionné et un sens chatouilleux de l'honneur, qui confèrent à la pièce une teinture d'exotisme inspirée de la caractérologie contemporaine des nations. Comme dans toute comédie d'intrigue, l'intérêt va aux situations, piquantes ici, plutôt qu'aux personnages, car ceux-ci sont des types qui se retrouvent de pièce en pièce, mais qui diffèrent néanmoins de leurs pareils de la comédie à l'italienne. Ce ne sont en effet que galants passionnés, jeunes filles hardies, valets terre-à-terre et impertinents, héritiers du *gracioso* de la *comedia* espagnole, pères et frères jaloux de leur honneur, que rapproche une intrigue plus simple que celle de la comédie à l'italienne, et toujours la même, celle d'un galant cherchant à séduire une jeune fille et rencontrant maints obstacles sur sa route. Cette intrigue peut être compliquée par une rivalité de galants réels ou supposés, comme dans le *Jodelet* (1645) de Scarron ou *La Suite du Menteur* (1645) de Corneille, ou par l'existence d'une autre jeune fille, déshonorée et trahie autrefois par l'un d'eux. Ainsi dans *Les Folies de Cardenio* (1630) de Pichou, Fernand abandonne sa maîtresse Dorothée pour courtiser Lucinde et essayer de l'enlever à son amoureux Cardenio. Là aussi péripéties, rebondissements et effets de surprise sont fréquents, avant que tout ne finisse par s'arranger au dernier acte avec la promesse d'un mariage qui pacifie les parents.

Introduit en France par Le Métel d'Ouville, ce type de comédie a trouvé en Scarron son représentant le plus célèbre, qui l'a renouvelé en proposant une variante burlesque et bouffonne où l'échange des rôles entre le maître, Dom Juan, et le valet, Jodelet, favorise un comique né d'un décalage des tons, d'une dissonance entre la nature des personnages et leur rang supposé, et renforcé par des procédés farcesques de caractérisation. Mais, avec ses histoires d'amour et d'honneur, la *comedia* n'est pas en elle-même nécessairement comique et, si ce n'étaient les plaisanteries déplacées d'un *gracioso*, tiendrait souvent davantage du drame de cape et d'épée, si fréquent dans le théâtre romantique.

Distancée un temps par la *comedia* espagnole et ce, malgré la concurrence de nouvelles formules, comme la comédie de caractère ou celle de mœurs, la comédie d'intrigue à l'italienne a persisté dans le dernier tiers du XVIIe siècle, notamment dans les pièces écrites par Regnard et Dufresny pour le Théâtre Italien. C'est elle aussi qui a fourni à la grande comédie ses situations comiques de quiproquos et de méprises, ses dénouements par reconnaissances opportunes, ainsi que ses personnages de valets adroits, d'amoureux entreprenants et de pères tyranniques et ridicules. Et bien qu'elle soit relativement passée de mode pendant une bonne partie du XVIIIe siècle, on en trouve encore des éléments chez Marivaux, ne seraient-ce que les intrigues compliquées à déguisements et à travestissements de *La Fausse Suivante* (1724), du *Prince travesti* (1724) ou du *Triomphe de l'amour* (1732).

C'est Beaumarchais qui, dans les années 1770, a assuré véritablement, avec son *Barbier de Séville* (1775) et son *Mariage de Figaro* (1784), le renouveau de la comédie d'intrigue, de la « pièce d'*imbroille* », comme il l'appelle dans sa « Lettre modérée sur la chute et la critique du *Barbier de Séville* ». Si la première pièce se contente de renouer carrément avec la tradition du valet rusé et du barbon dupé par des amoureux hardis, avec les procédés de déguisements, de feintes et de substitutions de personnes, plus novatrice, la seconde fait de la surprise et du hasard le ressort d'« une intrigue aisément filée, où l'art se dérobe sous l'art, qui se noue et se dénoue sans cesse à travers une foule de situations comiques, de tableaux piquants et variés » (Préface, *Le Mariage de Figaro*). Il serait même plus exact de parler de plusieurs intrigues qui s'entrecroisent et s'enchevêtrent dans un jeu de péripéties et de coups de théâtre, et sur un rythme frénétique qui annoncent à bien des égards le vaudeville du siècle suivant et sa mécanique savante de l'agencement des situations (voir chap. 5). Présence et importance du hasard, exploitation de l'imprévu comique, développement en chaîne des réactions des personnages, c'en sont bien déjà là les ressorts.

Accent sur le mouvement, certes, mais aussi accent sur le rire, sur cette « ancienne et franche gaieté », alliée « avec le ton léger de notre plaisanterie actuelle » (Préface, *Le Mariage de Figaro*), que Beaumarchais s'est efforcé de ramener au théâtre, et qui naît à la fois de l'imprévu des situations, du recours à des procédés farcesques de comique gestuel (comme dans la fameuse scène du fauteuil où Chérubin se cache pour échapper au comte, au premier acte du *Mariage*), et à un art du dialogue pétillant d'esprit et dont la verve frise parfois l'absurde. Alerte, comique, la comédie d'intrigue de Beaumarchais est aussi, nous y reviendrons, une comédie satirique, et par là un exemple de théâtre « engagé » (voir *infra*).

❐ **La comédie de caractère.** Dès les années 1660, et sous l'influence de Molière, le genre de la comédie d'intrigue l'a cédé à une autre formule connue sous le nom de « comédie de caractère », qui allait constituer pour longtemps le modèle même de la « grande comédie ». Les personnages comiques cessent alors d'être des types interchangeables, définis par leur seule fonction dramaturgique. Par une attention plus grande au réalisme psychologique, ils acquièrent un caractère, une personnalité, en même

temps qu'ils en viennent à être les représentants d'un milieu bien déterminé. Ce développement du personnage type de la comédie d'intrigue est
allé croissant pendant tout le XVIIIe siècle, qui a fini par faire de lui un véritable individu avec un état civil, une histoire, une appartenance sociale,
voire un physique. L'intérêt se déplace alors de l'intrigue traditionnelle
d'amours contrariées vers ce personnage, souvent un parent chez Molière,
dont le caractère, avec ses manies ou ses passions, se manifeste et se révèle
dans les conflits qui l'opposent aux autres personnages. C'est le caractère
même de ce personnage qui constitue désormais l'obstacle véritable aux
désirs amoureux des jeunes gens. Centrées autour de lui, l'intrigue et les
péripéties sont maintenant au service de la peinture psychologique. C'est
autour de lui également que se répartissent les autres rôles (car n'ont de
caractère à proprement parler que les protagonistes principaux), groupés
en deux catégories essentielles, ceux qui exploitent sa manie et ceux qui
essaient de le raisonner dans un effort pour préserver le bonheur des jeunes
gens.

Cette notion de caractère est à comprendre dans le cadre des systèmes de
physiologie et de psychologie de l'époque, hérités de la tradition scolas-
tique médiévale qui en faisait la manifestation extérieure de la composition
psychologique de quelqu'un, composition elle-même déterminée par sa
constitution physique. À rattacher donc à la théorie des humeurs. Donné
initial, c'est lui qui détermine les paroles et les actions du personnage, et
qui, soumis à l'épreuve des faits, se révèle de manière plus ou moins lacu-
naire dans la ligne de conduite adoptée. On ne sait et on ne peut savoir de
lui que ce qui est montré puisqu'on ne perçoit jamais du « moi » que ses
manifestations extérieures. Chez Molière subsistent justement de grandes
zones d'ombre dans la présentation des caractères, qui en font l'ambiguïté
et la richesse interprétative.

Aux caractères abstraits et *a priori* de la tradition, dont les modèles littéraires sont Théophraste et Térence, et qu'on retrouve dans *Le Distrait*
(1697) de Regnard ou *Le Glorieux* (1732) de Destouches, des auteurs
comme Molière ont ajouté une foule de détails particularisants tirés de l'observation de la vie quotidienne, sinon de modèles vivants réels. *L'Avare,
Le Misanthrope, Le Malade imaginaire* sont ainsi représentés dans un
milieu familial et social concrétisé par un décor intérieur qui les particularise. D'autres, comme Arnolphe ou George Dandin, qui portent les noms
de M. de la Souche et de M. de la Dandinière, dépassent le type comique
éternel du cocu pour s'intégrer dans la hiérarchie sociale de leur temps.
Molière s'est toutefois défendu d'avoir cherché des « applications » et a
prétendu « peindre les mœurs sans vouloir toucher aux personnes » (*L'Im-*

promptu de Versailles, sc. 4). La comédie doit en effet représenter des caractères généraux, des espèces, sous peine de retomber dans la satire personnelle qui a marqué ses débuts :

> Le genre comique est des espèces, et le genre tragique est des individus. Je m'explique. Le héros d'une tragédie est tel ou tel homme : c'est ou Régulus, ou Brutus, ou Caton ; et ce n'est point un autre. Le principal personnage d'une comédie doit au contraire représenter un grand nombre d'hommes. Si, par hasard, on lui donnait une physionomie si particulière, qu'il n'y eût dans la société qu'un seul individu qui lui ressemblât, la comédie retournerait à son enfance, et dégénérerait en satire. (Diderot, *Entretiens sur « Le Fils naturel »*).

Si le but de la représentation est de « corriger sans blesser » (Beaumarchais, Préface, *Le Mariage de Figaro*), le personnage comique doit avoir une valeur universelle et par là exemplaire. Par son souci de vérité humaine, par les possibilités qu'elle offre à la réalisation des fins morales de la poésie, la comédie de caractère répond davantage à l'attente de ceux qui, comme Boileau, ont reproché au genre comique de s'être dégradé par ses contacts avec la farce et le burlesque. Aussi a-t-elle été adoptée par les contemporains de Molière, surtout Regnard et Baron, qui ont opté eux aussi pour une peinture de caractères visant l'homme à travers les types nouveaux du *Joueur* (1696) ou de *L'Homme à bonne fortune* (1686). Les situations étaient prises dans les mœurs contemporaines, mais sans que l'évocation de celles-ci fût jamais autre chose que le prétexte à peindre un personnage. Mais, après eux, la comédie de caractère n'a pas tardé à disparaître devant la « comédie de mœurs », où le portrait collectif l'emporte sur le portrait individuel.

❒ *La comédie de mœurs.* Devant le bouleversement que connaissait la société du XVIIᵉ siècle finissant, dont s'emparait une frénésie de plaisirs et de jouissance, et où croissait la toute-puissance de l'argent alors que la cour de Louis XIV s'enfermait dans une dévotion austère, les dramaturges ont orienté la comédie vers un tableau fidèle, peu flatteur certes, mais souvent plus amusé qu'indigné, de ces nouvelles mœurs contemporaines. L'ambition d'universalité de la peinture de la nature humaine entretenue par l'âge classique commençait à se particulariser, en se localisant temporellement et spatialement et en se laissant prendre à la tentation du réalisme intégral.

À cette volonté de représenter les mœurs contemporaines sur le vif, la nouvelle comédie a ajouté une tendance à lui subordonner l'analyse superficielle des personnages, bien souvent réduits à des types sociaux peu individualisés, représentatifs de nouvelles catégories théâtrales élaborées à partir de nouvelles conditions sociales. Engagés dans des intrigues sans importance, ils sont devenus de simples supports de scènes de mœurs et des prétextes à des dialogues piquants d'actualité. Dans nombre de ces petites pièces de Dancourt, baptisées « dancourades », comme *Le Moulin de Javelle* (1696) ou *Les Vendanges de Suresne* (1695), l'intrigue très simple ne sert ainsi qu'à amener des scènes amusantes reflétant les mœurs d'une certaine société parisienne.

Corneille et, après lui, Molière avaient déjà introduit des touches de peinture, pour ne pas dire de satire, des mœurs dans leurs comédies. Précision de rapports sociaux fondés sur une prise en compte du rang et de la fortune chez l'un, ridicule d'affectation de pédants, précieuses, marquis et autres extravagants, place du mariage et de l'éducation dans la vie des femmes, désir de s'élever et mécanismes du fonctionnement de l'identité sociale chez l'autre, ces traits, qui « tombent directement sur les mœurs » (*La Critique de l'École des femmes,* sc. 6), restaient subordonnés à l'étude des caractères et servaient à mettre en lumière l'aveuglement sur soi général de l'espèce humaine et se coulaient discrètement dans le cadre d'une pièce d'intrigue bien construite.

Or Dancourt, le véritable initiateur de la comédie de mœurs dans la dernière décennie du XVIIe siècle, a su créer une peinture des mœurs indépendante de la comédie d'intrigue et de la comédie de caractère. Son théâtre nous présente ainsi une galerie de types sociaux divers : chevaliers désargentés et roués (*Le Chevalier à la mode,* 1687), financiers parvenus et libertins (*Les Agioteurs,* 1710), immortalisés plus tard par le *Turcaret* (1709) de Lesage, marchands, abbés galants, joueuses enragées, bourgeoises entichées de noblesse (*Les Bourgeoises de qualité,* 1700), tous sont montrés dans leur milieu (famille, salon, etc.), sans que jamais l'intérêt soit concentré sur un seul personnage – il n'y a d'ailleurs pas de personnage central et le même « caractère », conçu en fonction des mœurs à dépeindre, peut être représenté par plusieurs personnages dans un souci de différencier les représentants d'un même type. À travers ces types nouveaux, ce sont les mœurs du temps, ou plus exactement de la bourgeoisie parisienne de l'époque, qui sont décrites : soif de plaisirs en tous genres, chasse à l'argent et à la fortune par tous les moyens, allant du jeu et de la spéculation au mariage avec de riches héritières et à la captation d'héritage, arrivisme social, tels sont les moteurs de cette société en pleine transformation. L'unité du milieu social décrit, où s'assemblent des personnages liés par un intérêt commun, est avant tout d'ordre moral. Ce n'est pas encore le théâtre de « conditions » de Diderot et du XVIIIᵉ siècle (voir chap. 4).

Mais nos dramaturges ne sont pas des moralistes. Ils montrent sans véritablement condamner. Et chez certains, la primauté du rire fait même oublier ce que peuvent avoir de sordide le sujet, et de corrompu les protagonistes. Or, au XVIIIᵉ siècle, cette dureté et cette amoralité du tableau ont fini par choquer comme, sous l'influence de la nouvelle esthétique de l'émotion et de la sensibilité, le goût évoluait vers un théâtre édifiant. La comédie de mœurs a alors cédé la place à la « comédie moralisante », dont le but n'est plus de divertir, mais de moraliser et d'émouvoir.

Par-delà la comédie moralisante et le « drame bourgeois », les comédies de Beaumarchais ont présenté, à la fin du XVIIIᵉ siècle, un autre exemple de satire sociale et politique, greffé, comme nous l'avons vu, sur un renouvellement de la comédie d'intrigue. Aux pointes sans gravité du *Barbier de Séville, Le Mariage de Figaro* ajoute une critique plus vive des « abus et [des] maux publics » qui dénaturent le siècle (Préface) : vices du système judiciaire, inégalité de la loi, « indulgente aux grands, dure aux petits », usage arbitraire de la force, scandale des privilèges accordés à la naissance au détriment du mérite personnel, dégénérescence de la noblesse, inégalité des sexes. Cette dénonciation des tares du régime qui, sous couvert du rire, arrache le masque à la société, a un accent d'indignation vraie. Écrite en 1778, la pièce traduit bien les préoccupations de son époque. La Révolution n'est pas loin. Et un théâtre qui « est un géant qui blesse à mort tout ce qu'il frappe » et qui réserve ses grands coups pour cette « foule d'abus qui désolent la société » (Préface) n'est pas loin d'être un théâtre « engagé ».

❒ *La comédie sentimentale.* La « comédie sentimentale » a moins été une formule à part de la comédie classique qu'une orientation de la comédie d'intrigue dans le sens d'une prédominance de l'analyse du sentiment amoureux. En effet, la comédie sentimentale fait du « sentiment », ailleurs le ressort de l'intrigue ou le révélateur des caractères ou des mœurs, le sujet même de la pièce. Déjà, dans ses premières comédies des années 1630 *(Mélite, La Veuve, La Galerie du Palais)*, Corneille avait exploré toute une gamme d'émotions allant de la jalousie et de la fureur à la joie d'un amour retrouvé en passant par le dépit et le désespoir. Jeux de la coquetterie ou souffrances de l'amour véritable, les secrets et caprices du cœur humain avaient trouvé leur expression dans des pièces qui substituaient à l'intrigue italienne traditionnelle d'amours contrariées, le canevas dramatique de la chaîne amoureuse hérité de la pastorale, avec ses couples se faisant et se défaisant, et son opposition d'amants fidèles et d'amants volages ou indifférents.

C'est Marivaux qui, comme l'écrit É. Faguet, a véritablement inventé « la comédie d'amour » dont Racine n'avait fait que le drame. Bâties sur des intrigues reprenant les procédés et les ressorts traditionnels du théâtre comique (déguisements, feintes, quiproquos, etc.), mais qui ne jouent plus qu'un rôle de révélateur du sentiment, ses pièces explorent le thème fondamental de la « naissance de l'amour » chez un être qui, prévenu contre lui, n'en prend que progressivement et malgré soi conscience, et qui lui oppose les préjugés de la vanité et de la « pudeur sociale », euphémisme de l'orgueil de classe (comme dans *Le Jeu de l'amour et du hasard*, 1730, ou *Les fausses Confidences*, 1737). Les obstacles traditionnels à l'amour ont été intériorisés, mais au prix d'un déplacement, car ce n'est pas sa conclusion qu'ils empêchent, mais sa naissance et son développement. Montée comme un piège, l'intrigue, en se dénouant, apporte la reconnaissance de ce sentiment nouveau chez le protagoniste ému et affolé. La « surprise » toute psychologique du théâtre de Marivaux est celle des replis du cœur humain. On pense bien évidemment aux deux *Surprises de l'amour* (1722 et 1727), mais aussi à *La double Inconstance* (1723).

Les personnages, dont les sentiments sont analysés avec tant de finesse, restent les personnages typés de la *commedia dell'arte*. Jeunes, charmants, disponibles pour aimer, ils concentrent sur eux un intérêt traditionnellement accordé au valet meneur de jeu dans la comédie d'intrigue. Enfin, autre conséquence de l'influence de la troupe italienne qui les a jouées : la prédominance des femmes dans la distribution des pièces, comme dans la troupe.

Plus que toute autre, elle se libère aussi du carcan de la dramaturgie classique et, sous l'influence à la fois de la fantaisie et du jeu stylisé de la Nouvelle Troupe Italienne en France, et de la sensibilité de la culture romanesque du XVIIIᵉ siècle, elle s'affranchit des exigences traditionnelles de la scène. Vraisemblance, réalisme, distinction de genre et de ton, découpage en cinq actes et versification, font les frais d'une approche privilégiant la spontanéité et la primauté d'un dialogue tout en rythme, naturel et esprit, qui vise à reproduire le mode de la conversation quotidienne. C'est ce « langage des conversations », instrument d'une investigation psychologique (Marivaux, « Avertissement », *Les Serments indiscrets,* 1732), qu'on a appelé le marivaudage (voir chap. 6).

Deux siècles après que les humanistes de la Renaissance l'eurent tirée de l'oubli, la comédie régulière montrait ainsi une variété et une richesse de formules qui attestent du renouvellement continuel du genre à partir des mêmes thèmes, des mêmes situations et des mêmes personnages sous l'influence souvent d'imporations étrangères. Produits de dosages différents de ces constantes, la comédie d'intrigue, la comédie de caractère ou la comédie de mœurs relèvent toutes néanmoins d'une même esthétique de la *mimesis*, qui mêle l'agréable à l'utile et reconnaît au rire une place ambiguë. Divertir n'est pas toujours synonyme d'amuser.

Née en réaction contre l'ancienne farce, dont elle n'est pas parvenue à se dégager complètement, la comédie régulière n'a pas tardé à se retrouver confrontée avec la tentation du drame et d'une autre esthétique de l'imitation visant, elle, à émouvoir et ne reculant pas devant le mélange des tons et des genres pour faire passer un message mi-moral mi-social de plus en plus didactique. C'est la « comédie larmoyante » ou « attendrissante », comme au XIXe siècle ce serait la « comédie sérieuse », qui allait engager la comédie dans de nouvelles directions.

TEXTE

■ La catharsis comique

Dans son étude sur « Rire au XVIIe siècle », Jacques Morel fait remarquer que l'esthétique de la comédie classique repose en fait sur l'exigence d'une double attitude de la part du spectateur : attitude de dérision devant le spectacle de l'anormal d'une part, et attitude de reconnaissance de sa propre aberration, de sa propre « folie », d'autre part. D'où l'idée d'une catharsis comique, qui oblige le spectateur à un salutaire retour sur soi.

S'il est vrai que « rire est le propre de l'homme », il n'est jamais aussi finement appliqué que dans l'humour sur soi. Aussi la représentation d'une comédie suppose-t-elle de la part du spectateur une double attitude. Certes, on l'invite à rire de la naïveté d'Orgon ou des illusions d'Alceste. Mais on s'attend aussi qu'il reconnaisse dans les pièces comiques ces « miroirs publics » dont parle Uranie, où chacun peut contempler son image aussi nettement que dans le miroir des *Maximes*, parce que cette image est celle de l'universelle manie. Rire de Jourdain, c'est se moquer d'un certain type social, mais c'est rire aussi du secret désir qui est en tout homme de se voir plus grand, plus jeune et plus beau qu'il n'est en réalité. Si l'on met à part un monstre comme Tartuffe ou un fantoche comme Géronte, la plupart des « victimes » de la comédie sont bâties de telle sorte qu'elles éveillent la sympathie après avoir inspiré un amusement moqueur. De ce point de vue, il y a analogie entre la *catharsis* tragique et la *catharsis* comique : je me veux différent et je me sens proche de Phèdre et d'Argan, d'Athalie et de M. Jourdain. Au double mouvement de la terreur et de la pitié que doit selon Aristote inspirer le spectacle tragique, le jeu comique substitue celui de la raillerie et de la connivence. Ces deux sentiments, ici et là, peuvent se porter vers deux personnages différents : Néron inspire la terreur et Britannicus la pitié. Géronte suscite la moquerie et Scapin fait naître la complicité : on rit, en toute bonne conscience, des « bourles » de Scapin, comme il s'en amuse lui-même. Molière s'en est amusé avant son spectateur. Euphorie comparable à celle du « being in fun » moderne, et qui semble traduire le « degré zéro » de la sagesse comique, celle qui fera que Figaro s'empresse de « rire de tout ».

In : Jacques Morel, *Agréables mensonges*, Éditions Klincksieck,
1991, pp. 258-259.

4

Émouvoir pour mieux instruire

La tentation du drame

Au cœur même de la dramaturgie classique était le principe non formulé de ce que l'on a appelé la quatrième unité, à savoir l'unité de ton, inséparable de la reconnaissance de la séparation des genres. Comique et tragique s'excluaient mutuellement.

Or, au XVIIIe siècle, sous l'influence de Diderot et de l'esthétique de la sensibilité, la comédie s'est rapprochée de son contraire, ou plus exactement, est apparue l'idée de genres intermédiaires entre les deux pôles opposés de la « comédie gaie » et de la « tragédie ». L'un était le « drame », encore appelé « tragédie domestique », et l'autre, la « comédie sérieuse », formule promise à un long avenir au XIXe siècle. La rupture véritable de l'unité de ton, le mélange ou plutôt la brutale juxtaposition du comique et du tragique ne viendraient qu'avec le « drame romantique » et certaines des comédies de Musset.

Sérieux du ton, mais aussi sérieux des idées car, pour Diderot, le drame, comme la comédie sérieuse, doit être une arme d'intervention sociale et de réflexion politique. L'utile l'emporte dorénavant sur l'agréable. Le nouveau genre se veut essentiellement didactique. La comédie classique l'était aussi, mais à un degré moindre, et surtout il s'agissait d'instruire en divertissant par le recours au rire et au ridicule. La comédie sérieuse, elle, cherche à émouvoir, à agir sur la sensibilité, à créer un état propice à l'instruction morale. La première châtiait les vices et les ridicules des hommes, la seconde dépeint « les tribulations de la vertu », car moralisme et sensibilité sont les compléments indispensables du didactisme tel que le conçoivent Diderot ou Dumas fils. Ce n'est que plus tard, sous l'influence du Naturalisme, que la comédie sérieuse a renoncé au moralisme pour la froide observation de la réalité et un retour au satirique.

Autant que par une remise en question, sinon de l'unité de ton, du moins de la traditionnelle distinction et catégorisation des genres, la comédie sérieuse se définit par un renforcement de l'esthétique de l'imitation héritée de la *Poétique* d'Aristote. En effet, alors qu'à l'époque classique, l'idée de *mimesis* était inséparable d'une certaine stylisation et transposition du réel, puisque la comédie visait à représenter les actions des hommes, non dans leur singularité, mais dans leur exemplarité, la nouvelle dramaturgie, dite « du miroir » (R. Abirached, *op. cit.*, p. 111), cherche à coller le plus possible au réel. Elle ne représente plus l'Homme, mais les hommes, c'est-à-dire des individus définis comme tels et engagés dans une réalité sociale et historique qui les particularise et détermine leur comportement. C'est la fameuse peinture des « conditions » chère à Diderot.

La nécessité du maintien de l'illusion théâtrale, pendant de toute conception de l'imitation comme reflet du modèle, a également eu pour conséquence une révision du dialogue dramatique et du décor scénique dans le sens d'un réalisme grandissant de la représentation. Effort qui devait même déboucher, à la fin du XIXᵉ siècle, sur un rejet des conventions dramatiques, acceptées par Diderot et ses émules et prolongées dans l'impératif post-classique de la pièce « bien faite », mais écartées par les Naturalistes au profit de la « tranche de vie », sans commencement, milieu ni fin. Car ce que l'étape naturaliste a tenté d'instaurer, c'était une adéquation complète entre le réel et sa représentation.

Sous ses divers avatars, la comédie sérieuse a ainsi participé d'une tentative de renouvellement de la comédie classique, jugée à la fois trop gratuite et trop immorale par un public bourgeois épris de sensibilité et de moralisme, et qui retrouvait dans le nouveau genre une image idéale de lui-même et la défense de ses idées reçues. Cela avant que l'exigence de vérité n'en vienne à remettre en question non seulement la forme même de la comédie, mais la valeur morale de la société qui avait initié ce renouvellement.

Les précurseurs : Destouches et Nivelle de La Chaussée

Dans la première moitié du XVIIIᵉ siècle s'est fait jour le sentiment que le théâtre, tel qu'il était circonscrit par les catégories classiques de la comédie et de la tragédie, ne correspondait plus à l'attente du public, marqué par le goût nouveau. Et si la comédie faisait encore preuve toutefois d'une certaine vitalité, la tragédie, en revanche, était en pleine décadence. D'où alors un certain nombre de tentatives de la part des auteurs pour renouveler ces deux genres traditionnels. Crébillon et Voltaire s'efforçaient ainsi de revigorer la tragédie, tandis que Marivaux et Destouches tentaient, eux, de réformer la comédie en l'ouvrant à l'esthétique romanesque de la sensibilité et de l'émotion, et en réaffirmant l'intention moralisante du genre.

❒ ***La comédie moralisante.*** Sous l'égide de Destouches, la comédie s'est voulue avant tout une réaction contre l'immoralité de la comédie de mœurs contemporaine. Pour contrer l'influence néfaste de celle-ci, car « la Comédie peut corrompre les mœurs, quand sa gayeté dégénère en licence » (Préface, *La Force du naturel,* 1750), les spectacles édifiants allaient désormais être à l'ordre du jour. Dans la préface du *Glorieux* (1732), Destouches définit en effet le but de la comédie comme étant de « corriger les mœurs, de tomber sur le ridicule, de décrier le vice, & de mettre la vertu dans un si beau jour, qu'elle s'attire l'estime & la vénération publique ». Chacune de ses pièces est dès lors construite autour d'une thèse morale, la mise à l'épreuve d'un caractère égaré sur le chemin d'un vice ou d'un ridicule pris pour principe d'action et règle de conduite, et sa conversion au dénouement. Ainsi, dans *Le Glorieux* (1732), l'arrogant comte de Tufière qui, par orgueil, cache les malheurs arrivés à son père et condescend tout juste à courtiser la fille d'un riche bourgeois, en est réduit à s'amender après son humiliation publique au dernier acte.

Un tel théâtre, est-il besoin de le préciser, s'annonce comme plus instructif que divertissant. La leçon morale l'emporte sur le rire, même si les comédies de Destouches n'évacuent pas entièrement le comique. Celui-ci, bien entendu, est aussi éloigné que possible des grossièretés et des plaisanteries faciles de la farce, et s'attache à une forme d'esprit proche de l'humour et parfois de l'ironie. Des effets de contraste et de surprise alimentent par ailleurs le décalage comique entre les personnages et les situations, tandis qu'un petit nombre de types continuent de se caractériser par la répétition cocasse d'attitudes et de comportements figés. Or, privilégier l'utile aux dépens de l'agréable, tout comme opter pour une forme fine de ridicule, c'est aussi chercher à élever la comédie, réputée jusque-là genre inférieur, aux dimensions d'un grand art.

L'autre direction prise par la comédie au XVIIIe siècle l'a entraînée du côté du pathétique et de l'attendrissant. Précurseur en ce sens de Nivelle de La Chaussée, Destouches a cherché à attendrir le public par le spectacle des malheurs de la vertu. *Le Glorieux* finit dans l'émotion générale quand le comte laisse enfin parler en lui la voix de la piété et de l'amour filial, et se jette aux pieds de son père en implorant son pardon. Il n'est jusqu'aux pièces de Marivaux qui ne soient également empreintes d'une certaine sentimentalité. En effet, tandis que le thème du *Petit-Maître corrigé* (1734) semble reprendre la formule des comédies de conversion de Destouches, les protagonistes de *La Mère confidente* (1735) et de *La Femme fidèle* (1755) sont à la fois sérieux et vertueux, et les pièces baignent dans une atmosphère d'attendrissement dont les pleurs ne sont pas toujours absents. Comme plus tard le drame bourgeois, *La Mère confidente* dramatise le problème des rapports entre parents et enfants, et exalte le rôle idéal de la mère dont la sagesse guide ses enfants et canalise, pour leur bien, leurs passions amoureuses.

À une époque où amour était de plus en plus synonyme de plaisir, où l'on faisait bon marché de la fidélité conjugale et où le développement, entre autres, de la vie mondaine semblait entraîner la dissolution de la famille, beaucoup de ces pièces ont fait de l'amour et de l'amour dans le mariage leur thème principal. La leçon est claire : il faut réformer le mariage et combattre *Le Préjugé à la mode*. Une grande place est également ment faite aux femmes, car ce sont elles qui doivent ramener à la vertu les hommes, souvent montrés comme déraisonnables, sinon débauchés. L'influence du roman contemporain, et notamment des romans de l'Anglais Richardson, sur cette conception dramatique, est évidente.

Étape indispensable de l'évolution de la comédie vers le genre sérieux par son goût du moralisme et son attrait sentimental de la vertu, la comédie moralisante s'en est distinguée néanmoins par le refus du larmoyant et la part encore importante faite au comique, même sous une forme épurée. Il n'en serait plus de même dans la « comédie larmoyante » de ses successeurs.

❒ *La comédie larmoyante.* Rapprochement des contraires, la comédie larmoyante procède moins en définitive d'une tentative de réforme de la comédie que d'une volonté d'exploiter au maximum le goût de la sensibilité et de l'émotion dominant à l'époque. Les comédies de Nivelle de La Chaussée et de Mme de Graffigny ont ainsi combiné, mais dans des proportions diverses, éléments comiques et éléments sentimentaux. Et si des pièces comme *La fausse Antipathie* (1733) ou *Le Préjugé à la mode* (1735) font encore la part du comique, en le centrant sur la personne des serviteurs dans un prolongement évident de leur emploi traditionnel dans la comédie classique, *Mélanide* (1741) et *Cénie* (1750), elles, n'ont rien de risible et se rapprochent en fait considérablement de l'idéal du « genre sérieux » tel qu'allait le définir Diderot.

C'est que le comique finit par s'effacer devant une sentimentalité poussée à l'extrême, qui voit dans l'émotion et l'attendrissement universel non seulement la source de tout le plaisir théâtral, mais aussi le signe de la bonté de la nature humaine. Principe de la vertu, la poursuite de la sensation n'en est pas moins agréable. Aussi tout pleure dans la comédie larmoyante : et les spectateurs et les personnages. Tous jouissent de leur sensibilité et ne cherchent plus, comme avant, à la cacher.

Pour apitoyer plus facilement son public sur le sort d'une vertu persécutée puis triomphante, Nivelle de La Chaussée a soin de choisir des personnages de condition moyenne et de les dépeindre victimes d'accidents malheureux mais banals, tirés de l'existence journalière des spectateurs. Empoisonnée par les problèmes du mariage, des relations entre parents et enfants, la vie intime de chacun peut être source de vertu comme de douleur. Mais ce réalisme du quotidien est gâté par l'aspect par trop romanesque et compliqué de certains sujets, comme celui de *L'École des mères* (1744) par exemple, où, pour éviter que sa fille ne se fasse religieuse sur les ordres de sa femme, Argant la retire du couvent, la fait passer pour sa nièce – alors que tout le monde la croit évidemment sa maîtresse – avec l'intention de la marier au fils d'un ami, et cela sans que la jeune fille sache véritablement qui elle est. Erreurs sur la personne, mariages empêchés puis accomplis, scènes de reconnaissance finale, tous ces procédés familiers de la comédie larmoyante, comme du roman contemporain, sont en définitive hérités du cadre familier de la comédie d'intrigue latine.

Autre conséquence du parti pris sentimental de l'auteur, qui ne s'intéresse qu'à la valeur morale des passions, le vide et la faiblesse des caractères qui sont plus près d'être des modèles de vertu que de véritables personnalités complexes. Un moralisme assez simpliste finit même par opposer les bons et les vertueux aux méchants. Ainsi, dans la *Cénie* de Mme de Graffigny, le vieillard Dorimond, bon à l'excès, et Cénie elle-même qui, par amour de la vertu et de la vérité, n'hésite pas à révéler à celui-ci, aux dépens de son propre bonheur, le secret honteux de sa naissance, sont les victimes de l'indigne Méricourt, qui cherche à assurer sa fortune par le mensonge et le chantage. Mais ce moralisme sans prétention ne recouvre aucune intention moralisante. Les pièces de La Chaussée et de Mme de Graffigny semblent en fait vouloir se contenter de plaire, de « divertir » par l'appel aux émotions, sans chercher véritablement à instruire.

❏ *La comédie attendrissante.* Voltaire, en revanche, dont la comédie attendrissante ne diffère guère par ailleurs de la comédie larmoyante, s'est engagé plus franchement pour développer des situations d'où il soit facile de tirer des leçons d'ordre social ou politique, annonçant ainsi la comédie sérieuse de Dumas fils un siècle plus tard. Il est possible de lire *Nanine* (1749) comme une exaltation de la vertu et de la pauvreté, une attaque sur les privilèges nobiliaires, voire une défense de l'égalité naturelle des hommes. L'intrigue de la pièce paraît au premier abord banale : un riche aristocrate tombe amoureux d'une jeune fille vertueuse, quoique d'humble naissance, et l'épouse au dénouement. Mais, et là était la nouveauté, sinon l'audace, la pièce se termine sans que la traditionnelle reconnaissance vienne rendre ce mariage socialement acceptable.

Malgré le sérieux de leurs préoccupations philosophiques et leur pathétique facile, les comédies de Voltaire cherchent à faire place à un comique retenu, conçu comme « ce sourire de l'âme préférable au rire de la bouche » (Préface, *L'Écossaise*, 1760) qui doit, en fin de compte, prévaloir contre l'émotion. Elles se distinguent ainsi des comédies larmoyantes, domaine du seul pathétique :

> La comédie encore une fois peut donc se passionner, s'emporter, attendrir, pourvu qu'ensuite elle fasse rire les honnêtes gens. Si elle manquait de comique, si elle n'était que larmoyante, c'est alors qu'elle serait un genre très-vicieux, & très-désagréable. (Préface, *Nanine*).

Ce passage de l'attendrissement au rire dans la comédie, rupture ouverte de l'unité de ton prônée par les classiques, trouve sa justification pour Voltaire dans le fait qu'il est naturel et se remarque sans cesse dans la vie quotidienne. Reste malgré tout le problème de l'articulation de ces deux tons opposés. De fait, il semblerait que le mélange du comique et du sérieux dans les pièces de Voltaire *(Nanine)* soit davantage une alternance qu'une véritable fusion.

L'autre différence, revendiquée par Voltaire, de sa comédie d'avec la comédie larmoyante, tient au rejet des intrigues romanesques compliquées qui caractérisent cette dernière, et au choix de sujets sentimentaux :

> Cet Académicien judicieux blâme sur-tout les intrigues romanesques & forcées, dans ce genre de comédie où l'on veut attendrir les spectateurs, & qu'on appelle par dérision comédie larmoyante. Mais dans quel genre les intrigues romanesques & forcées peuvent-elles être admises ? Ne sont-elles pas toujours un vice essentiel dans quelque ouvrage que ce puisse être ? Il conclut enfin, en disant que si dans une comédie l'attendrissement peut aller quelquefois jusqu'aux larmes, il n'appartient qu'à la passion de l'amour de les faire répandre. Il n'entend pas sans doute l'amour tel qu'il est représenté dans les bonnes tragédies, l'amour furieux, barbare, funeste, suivi de crimes & de remords. Il entend l'amour naïf & tendre, qui seul est du ressort de la comédie. (Préface, *Nanine*).

Enfin, annonçant le réalisme d'un Diderot et les prétentions romantiques, Voltaire affirme également dans la préface de *L'Écossaise* que tout sujet a droit de cité dans la comédie.

Diderot et la théorie de la « comédie dans le genre sérieux »

❐ *Un genre dans l'entre-deux des genres.* C'est à Diderot qu'il appartenait en fait d'apporter la théorie de cette comédie dite « dans le genre sérieux ». Mais l'idée d'une nouvelle forme dramatique conçue comme genre moyen, intermédiaire entre la comédie gaie traditionnelle et la tragédie, telle qu'elle est exposée dans son traité *De la poésie dramatique* (1758), n'était pas entièrement nouvelle toutefois. Pour D.C. Connon, les comédies de Térence en avaient déjà, dans une certaine mesure, donné l'exemple (*Innovation and renewal : a study of the theatrical works of Diderot,* Voltaire Foundation, Oxford, 1989). Tout en étant exemptes du didactisme au cœur même de l'esthétique de Diderot, elles n'en avaient pas moins banni le comique grossier et facile d'un Plaute et présenté sous un angle sérieux les émotions des divers protagonistes. Quant à la préface de *Dom Sanche* de Corneille, elle rompait, elle aussi, en visière avec la traditionnelle distinction des genres. Mais tandis que Corneille réclamait de pouvoir jeter des personnages de tragédie dans des situations de comédie (c'est la « comédie héroïque »), Diderot, lui, allait demander à la comédie dans le genre sérieux de placer ses protagonistes bourgeois dans des situations qui seraient sérieuses sans être pour autant tragiques :

> Voici donc le système dramatique dans toute son étendue. La comédie gaie qui a pour objet le ridicule et le vice. La comédie sérieuse qui a pour objet la vertu et les devoirs de l'homme. La tragédie qui aurait pour objet nos malheurs domestiques. La tragédie qui a pour objet les catastrophes publiques et les malheurs des Grands. *(De la poésie dramatique).*

Les *Entretiens sur le « Fils naturel »* (1757) ont défini le concept d'un troisième genre intermédiaire, véritable genre moyen celui-ci, dont *Le Fils naturel* (1757) paraît représenter le modèle le plus achevé et qu'il est convenu d'appeler le « drame bourgeois ». Face au drame à proprement parler, la version comique de la pièce proposée par Clairville dans les *Entretiens,* de même que *Le Père de famille* (1758), serait alors la « comédie sérieuse », tandis que le plan tragique également proposé constituerait une ébauche de la « tragédie domestique ». Une même volonté de didactisme, une même absence de comique caractérisent ces trois genres que peu de chose semble en fait distinguer, sinon, pour la comédie sérieuse, un ton peut-être plus léger et une intrigue plus compliquée.

❏ **« Faire aimer la vertu et haïr le vice »**. Diderot a réintroduit en outre l'élément didactique, disparu de la comédie larmoyante mais présent dans la comédie classique. Toutefois, alors que les contemporains de Molière, partisans du principe du *castigat ridendo mores*, voyaient dans la comédie l'exemple caricatural des vices à éviter, Diderot y a présenté au contraire le modèle de la vertu à imiter, c'est-à-dire un enseignement moral que l'émotion est plus propre à faire passer que le rire. En effet, l'attendrissement, parce qu'il est silencieux, provoque un retour sur lui-même du spectateur, propice à la réflexion morale, tandis que la gaieté, qui est un phénomène collectif, le distrait et empêche justement ce retour (Beaumarchais, *Essai sur le genre dramatique sérieux*, 1767). Voilà pourquoi le genre sérieux l'emporte sur les autres formes dramatiques, car par le biais de l'identification involontaire du spectateur au protagoniste, il favorise une application personnelle des réflexions que suscitent les malheurs de ce dernier.

Or les souffrances du protagoniste, par définition vertueux, ne sont autres que la résultante du conflit que font naître les circonstances entre ses sentiments personnels et son sens moral du devoir. Dans *Le Fils naturel*, Dorval se retrouve ainsi écartelé entre son amour pour Rosalie et son amitié pour Clairville, son hôte, dont elle est la fiancée. Par un acte de volonté, il renonce à cet amour avant que la scène de reconnaissance finale ne lui apprenne en fait que Rosalie est sa sœur. La comédie sérieuse finit bien ; un événement imprévu, souvent une reconnaissance opportune dans la plus pure tradition de la comédie d'intrigue, vient résoudre les problèmes qui ont torturé les protagonistes.

❏ **Du sérieux avant toute chose.** Rien d'étonnant alors à ce que ce type de pièce ne laisse que peu de place au comique, d'autant plus que la source traditionnelle de ce comique, le valet rusé, maître d'intrigue, hérité de la comédie latine, a disparu. L'idéal dramatique visé par Diderot est une pièce de « ton uniformément sérieux », non pas rupture de la quatrième unité, mais gamme de tons intermédiaires entre le comique et le tragique, car Diderot partage au fond avec ses prédécesseurs classiques le respect de l'unité de ton. Or, en pratique, ses drames et ses comédies dans le genre sérieux juxtaposent souvent comique et sérieux, avec plus ou moins de bonheur il est vrai. Une œuvre comme *Le Père de famille*, qui réintroduit le comique par la satire du personnage odieux et ridicule du Commandeur, n'évite pas ainsi l'écueil du contraste entre les situations traditionnellement comiques et les dialogues passionnés des personnages qui s'y débattent. Beaumarchais procède de manière analogue dans *Le Mariage de Figaro* (1784) où, sur le substrat comique de la comédie d'intrigue classique vient se greffer « la peinture touchante d'un malheur domestique » *(Essai sur le genre dramatique sérieux)*. Victime à la fois de l'infidélité et de la jalousie du comte, la comtesse représente le type même de la vertu malheureuse, sinon persécutée. Une série de scènes-tableaux à la Greuze, telles les supplications de la comtesse échevelée et pleurante à l'acte II, ou le pardon octroyé au comte à genoux et repentant au dernier acte, renforce encore cette impression. Mais on est loin du violent rapprochement des tons prôné par le drame romantique.

❐ *La peinture des « conditions ».* Comme il transparaît des remarques précédentes, les comédies marquées par la nouvelle esthétique optent, dans le choix de leurs sujets, pour l'exaltation des vertus domestiques, que ce soit la fidélité outragée de la comtesse Rosine, ou la paternité souffrante du *Père de Famille*. Le protagoniste est présenté au milieu de sa famille et engagé dans des situations aisément identifiables par le spectateur. Plus encore que le tableau de situations et de vertus domestiques, ce qui caractérise la comédie dans le genre sérieux, c'est la peinture des conditions. Car, pour renforcer la leçon morale inhérente à la pièce, la comédie ne doit plus reposer sur l'étude des caractères – ce qui était encore le cas de la comédie moralisante – , mais sur celle des conditions sociales ; non plus sur les manifestations extrêmes d'un trait de caractère perçu comme ridicule (comme *L'Avare* ou *Le Glorieux*), mais sur la responsabilité et les devoirs sociaux de l'individu. Comme l'écrit Diderot :

> Jusqu'à présent, dans la comédie le caractère a été l'objet principal, et la condition n'a été que l'accessoire ; il faut que la condition devienne aujourd'hui l'objet principal, et que le caractère ne soit que l'accessoire. C'est du caractère qu'on tirait toute l'intrigue. On cherchait en général les circonstances qui le faisaient sortir, et l'on enchaînait ces circonstances. C'est la condition, ses devoirs, ses avantages, ses embarras qui doivent servir de base à l'ouvrage. Il me semble que cette source est plus féconde, plus étendue, et plus utile que celle des caractères. Pour peu que le caractère fût chargé, un spectateur pouvait se dire à lui-même, ce n'est pas moi. Mais il ne peut se cacher que l'état qu'on joue devant lui ne soit le sien ; il ne peut méconnaître ses devoirs. Il faut absolument qu'il s'applique ce qu'il entend. *(Entretiens sur le « Fils naturel »)*.

Construits sur la représentation d'états sociaux, *Le Fils naturel* et *Le Père de famille* tentent de souligner les liens de l'homme avec la collectivité dont il est membre, ses rapports avec le milieu auquel il appartient, et notamment le milieu familial, dont la connaissance est nécessaire pour « fonder en raison et en utilité ses démarches et ses comportements » (R. Abirached, *op. cit.,* p. 105). Un état civil précis, une biographie détaillée, un physique particulier viennent désormais, en le déterminant, non seulement l'individualiser comme homme, mais aussi « authentifier son appartenance à la réalité sociale et historique de son temps » (*Ibid.,* p. 104). Le didactisme de la comédie sérieuse n'est pas seulement moral, il est aussi social. Quel est par exemple le rôle du père dans la société ? Quels sont les devoirs de l'amitié ? Autant de problèmes négligés par ses prédécesseurs et que Diderot lui-même n'a fait qu'effleurer, mais sur lesquels allaient se pencher les dramaturges du XIXe siècle.

❑ *Réalisme et illusion.* Cette dramaturgie du reflet débouche sur une conception de la pièce comme « le tableau fidèle de ce qui se passe dans le monde » (Beaumarchais, *loc. cit.*). Mais, dans la recherche d'une imitation aussi parfaite que possible de la réalité quotidienne, la distance introduite par la transposition et la stylisation inhérentes à la volonté de généralisation de l'esthétique classique a disparu. La comédie ne peint plus l'Homme éternel, mais les hommes. Et ces hommes sont ceux du XVIIIe siècle.

Le but suprême de cette imitation fidèle de l'existence journalière ne peut être que l'illusion totale. D'où alors le réalisme des dialogues, voulus proches de la conversation courante par leur rythme haché et leur style familier, l'utilisation de la prose, la volonté de vérité et de naturel dans la diction des comédiens, le recours à la gestuelle et à la pantomime, l'exactitude parfois maniaque des décors, précisés visuellement par une foule d'indications scéniques qui contrastent avec leur rareté dans le théâtre classique, etc. D'où aussi la tendance à découper les actes en tableaux successifs, évocateurs de l'art pictural d'un Greuze ou d'un Chardin. Il n'est jusqu'à l'importance accordée à l'intrigue, à laquelle sont subordonnés caractères, comportements et dialogues, qui ne soit conçue, elle aussi, au nom de l'illusion scénique et de l'« intérêt » du spectateur.

Signe de l'importance nouvelle d'une classe sociale montante, la bourgeoisie, les réformes hardies apportées par Diderot à la dramaturgie classique allaient dans le sens à la fois d'une adéquation grandissante entre le réel représenté et sa représentation, et d'une mise en rapport plus directe de l'œuvre avec les préoccupations quotidiennes des spectateurs. Elles ne trouveraient toutefois d'expression théâtrale durable qu'au XIXe siècle dans la « comédie sérieuse », qui réaliserait enfin les aspirations de la comédie dans le genre sérieux.

« La comédie fondue dans la tragédie »,
ou la parenthèse romantique

Or, entre-temps, la génération romantique a opposé à cette esthétique du réalisme intégral et de l'uniformité du ton, l'idée d'un genre fait de fusion des contraires, libéré des conventions dramatiques et partisan de la « vérité choisie », mais, qui, comme elle, dégageait du spectacle même de la condition humaine une leçon d'intérêt social ou politique.

La préface de *Cromwell* (1827) a défini en deux termes, vérité et grandeur, les composantes de ce nouveau genre, également appelé « drame ». En effet, pour Hugo, « ces deux mots, *grand* et *vrai*, renferment tout. La vérité contient la moralité, le grand contient le beau » (Préface, *Marie Tudor*, 1833). De l'exigence de vérité, « choisie » toutefois – car si le théâtre reflète la réalité, c'est à la manière d'un « miroir de concentration » –, se déduisent le rejet des conventions, et notamment de l'unité de temps et de lieu, au nom de la vraisemblance, et le refus de la distinction des genres et de l'unité de ton. Comme l'avait déjà fait remarquer Voltaire, l'idée de mélange est dans la nature même et traduit la complexité de l'existence et les contradictions de l'espèce humaine. Hugo ajoute :

> [...] le caractère du drame est le réel ; le réel résulte de la combinaison toute naturelle de deux types, le sublime et le grotesque, qui se croisent dans le drame, comme ils se croisent dans la vie et dans la création. (Préface, *Cromwell*).

Par grotesque, il faut entendre évidemment le comique, le rire sous toutes ses formes, du rire franc à la parodie la plus subtile. L'exigence de grandeur, d'autre part, aboutit à la renaissance du concept de héros, disparu du genre sérieux devant l'homme social et la peinture des conditions. Ainsi réapparaissent sur scène des êtres jeunes, exaltés et, avec eux, le thème de l'amour-passion, aux antipodes de l'amour bourgeois d'un Augier ou du désir sensuel d'un Porto-Riche et des Naturalistes (voir *infra*).

L'esthétique hugolienne du drame romantique ne rentre toutefois dans le cadre de cette étude que dans la mesure où elle a pu marquer l'œuvre comique de Musset, dont *Les Caprices de Marianne* (1833) et *On ne badine pas avec l'amour* (1834) réussissent à rapprocher en des œuvres d'imagination et de fantaisie poétique, deux logiques dramatiques opposées, et à réaliser la fusion des genres réclamée pour le drame. En effet, comme le fait remarquer P. Voltz (*op. cit.*, p. 141), par leur tonalité d'ensemble et leur dénouement sanglant, ces pièces relèvent du drame romantique, et même du mélodrame, car le retournement final de situation est brutal et inattendu – Célio est assassiné et Rosette meurt de désespoir, alors que le bonheur paraît à portée de main. Le ton est tour à tour grave et badin, railleur ou sentimental. Quant à l'action des pièces, elle repose, elle, sur un contraste violent, la coexistence et même le heurt de deux mondes opposés et de deux catégories antithétiques de personnages, qui témoignent de la dualité fondamentale de cette dramaturgie. Face aux héros sensibles et spirituels, émouvants et pathétiques, s'agitent les « grotesques », source essentielle d'un comique mécanisé, comme les caractères ivrognes et goinfres de Blazius et de Bridaine dans *On ne badine pas avec l'amour*, ou Claudio, le mari borné des *Caprices*, et son valet Tibia. Le contraste entre ces personnages et la vraie nature d'un jeu qui finit mal donnent au comique de ces pièces une résonnance grinçante et amère.

Mélange des genres plutôt que ton moyen, fantaisie plutôt que réalisme, au point que ni les lieux ni les époques ne sont déterminés, à contre-pied des exigences classiques et post-classiques, expérience personnelle plutôt que miroir sur le monde, le théâtre comique de Musset heurtait le système dramatique de son temps à tel point qu'il a longtemps paru injouable et est resté en partie injoué du vivant de son auteur. La tentation romantique du drame avait entraîné la comédie bien loin des conceptions dramatiques de Diderot, au moment même où le drame s'essoufflait.

Augier, Dumas fils et la « comédie sérieuse »

Parenthèse à vrai dire de l'histoire du théâtre, la comédie romantique n'a pas résisté à la contre-attaque menée, dès les années 1850, par les partisans de l'esthétique bourgeoise du genre sérieux, élaborée au XVIIIe siècle. Des auteurs comme Augier et Dumas fils ont en effet cherché à appliquer à leur œuvre ces trois critères principaux de vérité, de sensibilité et de moralité. Dumas irait même jusqu'à proclamer la nécessité d'un « théâtre utile », ayant « pour base la vérité, pour but la morale » (Préface, *Le Fils naturel,* 1868).

Cependant, malgré leurs prétentions réalistes, ni l'un ni l'autre n'ont remis en question l'emploi des conventions dramatiques héritées du XVIIe siècle. Diderot, conscient néanmoins de la contradiction apparente entre l'exigence de réalisme et l'artificialité des règles, mais plus soucieux encore du besoin de concentration de l'œuvre théâtrale, avait de fait recommandé le respect des unités, surtout celles d'action et de temps, et affirmé le besoin de logique interne de l'intrigue. Ainsi défendus, les canons de la pièce classique avaient trouvé un prolongement dans le type de la pièce « bien faite » développé par Scribe dans la première moitié du XIXe siècle (voir chap. 5), et qui devait servir de modèle dramatique au vaudeville comme à la comédie sérieuse.

❏ ***Pourquoi il faut commencer par la fin.*** Cette conception mécaniste de l'intrigue revêt une importance toute particulière dans les pièces de Dumas du fait de l'intention didactique de leur auteur. Choisi d'avance, car servant à la démonstration de la thèse, le dénouement détermine par une logique rigoureuse le déroulement de l'intrigue. Entre le point de départ et le point d'arrivée, la logique doit donc être « implacable » et la progression « mathématique, inexorable, fatale, qui multiplie la scène par la scène, l'événement par l'événement, l'acte par l'acte jusqu'au dénoûment, lequel doit être le total et la preuve » (Préface, *Un Père prodigue*, 1868).

Ce n'est que plus tard, sous l'influence du Naturalisme, que la comédie a renoncé aux conventions et opté pour l'esthétique de la « tranche de vie », bref moment arraché à la durée quotidienne, sans véritable structure dramatique. Chez Augier et surtout Dumas, la nécessité de démontrer une thèse à la fois morale et sociale appelle la construction rigoureuse d'une pièce intriquée et l'ample développement d'une durée de trois ou cinq actes.

❏ ***Une leçon de réalisme social.*** Comme le genre moyen avant elle, la comédie sérieuse fait sien le souci classique de reproduction fidèle des apparences, source d'instruction morale, et, pour ce faire, allie réalisme et didactisme. Mais, contrairement à lui, elle reprend à son compte la formule de la comédie de mœurs, délaissée par son prédécesseur au profit de la comédie d'intrigue. Les mœurs et les problèmes évoqués sont, naturellement, ceux de la bourgeoisie contemporaine. La question de l'argent et de son influence corruptrice sur l'individu et la société (*Maître Guérin*, 1864 ; *Les Effrontés*, 1861), conjointe au problème de l'amour et de la famille, domine l'œuvre d'Augier, qui critique la conception romantique de l'amour comme une passion plus forte que les conventions sociales et part en guerre contre l'adultère (*Gabrielle*, 1849 ; *Les Lionnes pauvres*, 1858) et les courtisanes, auxquelles est interdit jusqu'au repentir (*L'Aventurière*, 1848 ; *Le Mariage d'Olympe*, 1855). Les comédies d'Augier châtient la bourgeoisie, mais c'est en définitive pour corriger et sauver un groupe social sur lequel repose l'avenir du pays. Car ce que dénonce le dramaturge chez certains de ses représentants, c'est précisément le reniement de leur classe et de ses principes. Chez Dumas, en revanche, la mise en lumière de ces dangers sociaux que sont la prostitution ou l'adultère, avec leur cortège de femmes abandonnées et d'enfants illégitimes, débouche sur une violente dénonciation de la turpitude et de l'hypocrisie d'une société égoïste et corrompue (*Le Demi-Monde,* 1855 ; *La Question d'argent,* 1857 ; *Le Fils naturel,* 1858 ; *Les Idées de Madame Aubray,* 1867 ; *L'Étrangère,* 1876). Dumas, intéressé surtout par le rapport entre les sexes, voit dans la soif de plaisir et de jouissance qui caractérise son époque le ferment de destruction de la famille et, par contrecoup, de décomposition de la société tout entière. La dégradation de la moralité publique est une menace pour l'ordre social, qu'aggravent encore l'indifférence et l'irresponsabilité de l'État. À ce mal social, Dumas propose un certain nombre de solutions visant à la restauration des valeurs du cœur et à l'établissement d'une législation spécifique sur le divorce et la protection du mariage.

Le réalisme de cette peinture qui, pour les contemporains, frisait le choquant du fait du refus chez l'auteur des sentiments et des dénouements de « convention », est compromis par l'évidente volonté non seulement d'« instruire », mais de « corriger ». Loin d'être implicite, la morale de la démonstration est souvent donnée au spectateur dans de longs discours didactiques, qui complètent les préfaces et autres prises de position polémiques de l'auteur sur les problèmes du moment. D'autre part, ce didactisme a tôt fait de déboucher sur une représentation manichéiste des divers personnages, qui se répartissent désormais en antithèses simplifiées du bien et du mal, et sur une conception des pièces comme psychomachies morales. De description, d'observation des mœurs, la pièce est devenue un théâtre d'action symbolique. La leçon morale l'a emporté sur l'exigence de vérité.

❒ *Des pièces à thèse.* Beaucoup plus qu'Augier, Dumas a fait de ses pièces des prises de parti, souvent dogmatiques et tranchantes, de véritables « mises en action » d'une thèse sociale (Sarcey, *Quarante Ans de théâtre,* 1900-1901). Dans *Les Idées de Madame Aubray,* il a ainsi défendu la thèse que, lorsqu'une jeune fille a failli, c'est la société tout entière qui est en faute et qu'à défaut du coupable, tout homme se doit de réparer en épousant la jeune fille séduite. Dans *Le Demi-Monde,* il a montré qu'il est impossible à une femme déchue, une Suzanne d'Ange, quels que soient sa fortune, son esprit et son éducation, d'entrer dans le monde des honnêtes gens, qui lui reste à jamais fermé. Ce faisant, il créait ou plutôt renouvelait ce que Sarcey a appelé la « comédie-thèse », genre de comédie dont le théâtre de Molière avait trouvé le secret dans des pièces comme *Les Femmes savantes* ou *Le Tartuffe* :

> La comédie-thèse a de tous temps existé dans notre théâtre ; elle est un fruit spontané de notre esprit français, qui se plaît à entourer une idée morale ou un paradoxe de toutes ses preuves, avec un bel appareil de logique. *(loc. cit.).*

Pareille conception de l'œuvre dramatique fait du théâtre un genre éminemment utile, non pas en lui-même une fin, mais un moyen vers une fin morale.

Le rire moqueur n'est plus de mise. D'ailleurs le théâtre de Dumas, parce qu'il prend très au sérieux l'idée de correction des mœurs, évacue presque totalement le comique. Les frontières entre le drame et la comédie sérieuse, déjà floues chez Diderot, tentent ici à s'effacer ; il est significatif d'ailleurs que les dernières œuvres de Dumas soient simplement appelées « pièces ».

L'autre conséquence d'un théâtre, non seulement utile, mais à la limite « engagé », c'est le risque qu'un tel théâtre n'intéresse en définitive que les contemporains, et qu'il ne soit pas durable. Risque volontairement assuré par le dramaturge qui écrit :

> – [...] le théâtre de Voltaire est mort ! – C'est vrai ; mais Voltaire vit. Qu'importe que la balle soit perdue, pourvu que le coup porte et que le soldat reste. Le théâtre n'est pas le but, ce n'est que le moyen (Préface, *Le Fils naturel*).

Paroles prophétiques, car si Dumas fils est bien reconnu comme étant le père du drame social moderne, qui se souvient encore de ses comédies ?

À l'ombre du naturalisme

❑ **Becque et le nouveau réalisme.** Une génération plus tard, Becque allait réagir contre les excès de ce didactisme et orienter la comédie sérieuse dans le sens d'une indifférenciation morale, résultant d'une observation encore plus exacte des mœurs. Dans *La Parisienne* (1885), histoire d'une femme qui quitte son amant au premier acte pour revenir à lui au dernier après une brève aventure sentimentale, et dans *La Navette* (1878), évocation du demi-monde, dénuée à la fois de sentimentalisme et de rigorisme moral, il évacuait le moralisme et le pathos facile jusqu'alors inséparables du genre sérieux. le théâtre n'était plus une tribune, mais une simple peinture :

> [...] le théâtre n'est pas un enseignement. Le théâtre, c'est une peinture, une représentation. Là est son objet, sa valeur, sa grandeur propre. (*Conférences,* 1926).

L'erreur de Dumas avait été, à ses yeux, d'écrire des pièces à thèse et de faire des personnages non des êtres de chair et d'os, des êtres autonomes, mais des porte-parole de l'auteur. Car c'est sur l'observation des comportements et le développement des caractères que doit, pour Becque, porter la comédie. La psychologie doit l'emporter sur les « idées », désormais ravalées à un rang secondaire. L'étude des problèmes contemporains telle qu'elle apparaît chez ses prédécesseurs se révèle n'être en définitive qu'un réalisme de surface.

Dans sa volonté de réalisme, Becque partait tout autant en guerre contre les Naturalistes, qui cherchaient à se réclamer de son œuvre mais qui avaient, d'après lui, déformé l'observation de la vie pour trop mettre en avant le rôle de la physiologie et du tempérament dans le comportement de l'homme, et s'étaient complu dans la contemplation de l'« ordure [...] des hommes [...] des actes et [...] des mots ». Au centre de l'esthétique naturaliste était en effet le goût du réel et du concret sous toutes leurs formes, y compris les plus basses et les plus vulgaires. Le « bon » sujet n'existait pas. Tous les aspects de la nature et de la vie avaient droit de cité sur la scène, sans transposition ni stylisation.

Le réalisme tel que le concevait Becque, le portait également à rejeter les règles et les conventions habituelles de la dramaturgie classique et postclassique. Pressé de formuler sa propre conception de la pièce, il devait même déclarer :

> Si l'on me demandait ce que c'est qu'une pièce de théâtre et que je fusse forcé d'accoucher d'un aphorisme, je dirais : une pièce de théâtre, c'est une action, des caractères et du style. Mais ce serait une banalité à ajouter à tant d'autres et qui n'amènerait aucun résultat.
> Mais une pièce de théâtre se reconnaît surtout à ceci, qu'elle est une composition qui a un commencement, un milieu et une fin. *(op. cit.).*

Ceci l'a alors conduit à minimiser, voire à supprimer l'action, et de toute façon à abandonner la technique d'intrigue compliquée de la pièce « bien faite ». Si une œuvre comme *Les Corbeaux* (1882) a encore un commencement, un milieu et une fin, puisqu'elle montre la lente dégradation de la situation de femmes seules, victimes de financiers et d'hommes de loi sans scrupules, *La Parisienne,* en revanche, tient davantage de la « tranche de vie ». Sans intrigue à proprement parler, sans action extérieure, sans personnages arbitraires, l'action s'y ramène, de par son dénuement, au développement d'une situation simple. L'exigence de vérité que Becque partageait avec les Naturalistes aboutit à la représentation d'un moment limité d'une durée vécue.

Entre autres conventions, Becque a aussi abandonné la présence de l'éternel personnage sympathique de la comédie, le thème central de l'amour, ainsi que le mariage de rigueur à la fin. Si *Les Corbeaux* se terminent bien toutefois par un mariage, celui de Marie avec l'ancien associé de son père, l'homme même qui a ruiné sa famille, ce mariage tient plus du sacrifice et de la compromission que du dénouement heureux. « Je suis honteuse, honteuse de le faire, et je serais coupable en ne le faisant pas », ne peut que s'écrier Marie à la fin. Becque n'a évacué le pathos du drame réaliste que pour réintroduire un élément de tragédie dans son œuvre.

❏ *Le Théâtre Libre et la « comédie rosse ».* Cette représentation sans illusions, mais objective de la vie, qui était encore bien en deçà des prétentions scientifiques des Naturalistes, devait ouvrir la voie, vers 1900, à la « comédie rosse » du Théâtre Libre, également influencée par Becque et les Naturalistes. Attirée, chez le premier, par la rupture avec les conventions et l'utilisation de la technique de la « tranche de vie », elle allait emprunter aux autres leur accent sur la fatalité de la chair et la brutalité des instincts et du désir. Comme eux, elle promènerait « un miroir sur la réalité », même la plus cachée.

Une pièce comme *L'Amoureuse* (1891) de Porto-Riche représente ainsi dans toute sa nudité l'esclavage sensuel de deux êtres, mari et femme, qui se torturent mutuellement par leurs exigences contradictoires. On ne saurait mieux appliquer la notion, chère à Zola, de détermination du comportement par la constitution physiologique de l'être. De fait, la plupart des pièces de Porto-Riche mettent en évidence cette réduction de l'homme à l'amour, ou plus exactement au désir sexuel, source de conflits inévitables. Le portrait vivant de l'homme physiologique remplace l'homme éternel, quasi métaphysique des classiques, comme il succède également à l'homme social de la comédie sérieuse des XVIIIe et XIXe siècles.

À la vérité de cette peinture du tempérament humain s'accorde la vérité d'une langue empruntée à la conversation journalière, mais riche, chez un auteur comme Jules Renard, d'aperçus sur l'intériorité des personnages. Précision du vocabulaire, brièveté des phrases, juxtaposition, plutôt que liaison, des idées, tout semble suggérer le décousu de la vie et le mystère du « moi » qui se dérobe sous le brillant du langage. S'y ajoute chez Zola et les Naturalistes, la vérité du décor, élément indispensable de l'action qu'il explique et facteur déterminant du comportement du personnage. Le lieu scénique doit pouvoir fonctionner comme un milieu et, pour ce faire, dissimuler sa théâtralité.

Enfin, dans une volonté de coller au réel, la comédie rosse perfectionne la technique de la « tranche de vie » dans des pièces comme *Le Plaisir de rompre* (1897) ou *Le Pain de ménage* (1898) de Jules Renard, œuvres courtes en un acte, sans exposition, intrigue, ni dénouement, où rien ne se passe véritablement, hors la révélation d'une intériorité au détour de la conversation. La crise annoncée et attendue n'éclate pas, l'adultère n'est pas consommé, et la vie reprend comme avant.

Forme de comédie réaliste libérée des conventions, la comédie rosse est une comédie de violence des sentiments et du désir, une comédie sans comique, mais qui refuse, comme le théâtre de Becque et à la différence de cette autre forme de comédie réaliste qu'est la comédie sérieuse des XVIIIᵉ et XIXᵉ siècles, tout moralisme et tout sentimentalisme pour atteindre à la vie et à la vérité.

La société en question : le Boulevard sérieux

❐ **De la thèse sociale à la protestation politique.** Disparue de la comédie dans le genre sérieux sous l'influence de l'esthétique naturaliste, la volonté de didactisme moral et social, longtemps inséparable du genre, devait néanmoins réapparaître au début du XXᵉ siècle dans le théâtre de Boulevard. Issu pour une part du vaudeville (voir chap. 5) et de la comédie gaie d'intrigue, celui-ci avait d'autre part hérité du mélodrame son traitement manichéiste et parfois larmoyant de thèses sociales et philosophiques. À l'écoute de l'actualité, dont elle amplifiait les problèmes, cette forme ambitieuse de « comédie dramatique » allait prendre parti sur une série de questions brûlantes, notamment sur la question féministe soulevée par la loi sur le divorce de 1884 et le Congrès féministe international de Paris de 1896. Marqués en outre par le développement du thème de l'amour dans les pièces de Porto-Riche, des auteurs comme Brieux et Bataille se sont efforcés dès lors de faire de leurs œuvres non seulement des études psychologiques, mais des armes d'intervention sociale. Ainsi, dans *Maternité* (1903), Brieux prêchait pour le droit d'une femme à disposer librement de son corps, même au prix de l'avortement, et dénonçait l'égoïsme des hommes et l'hypocrisie d'une société qui prônait la repopulation du pays et les joies de la famille nombreuse, tout en marquant d'infamie les enfants nés hors mariage et leurs mères. Et dans *Possession* (1922), Bataille reprenait, plusieurs années après, des questions déjà envisagées dans ses premières pièces pour condamner la situation de dépendance dans laquelle la société maintenait la femme.

Dans les années 1930, de sociale, la protestation s'est faite nettement plus politique. Une pièce comme *Les Temps difficiles* (1934) de Bourdet s'attachait à décrire, sur un arrière-plan d'évocation des mœurs de la grande bourgeoisie d'affaires, la crise économique générale et ses répercussions sur un destin individuel (également le sujet de *L'Été* de Natanson, 1935). Mais le manichéisme de tantôt a disparu, et la puissance de l'argent y est présentée non pas comme néfaste en soi, mais comme pervertie par sa mauvaise utilisation chez certains. « Et c'est de ça que la bourgeoisie est en train de crever, vous entendez ? C'est d'être devenue dépensière, prodigue, désintéressée ! », constate le grand industriel Antonin Faure, apprenant la faillite, qui l'atteint par contrecoup, d'un associé, grugé par un fondé de pouvoir trop puissant.

Violemment polémique dans les pièces de Brieux et de Bataille, où il a tendance à se couler dans de longues tirades démonstratives, le didactisme adopte un ton nouveau chez des auteurs comme Bourdet ou Deval, qui renoncent à la prédication morale pour une vision plus satirique et plus réaliste dans son ambiguïté. Le Boulevard sérieux se détache du drame et de son cortège de morts pathétiques – car on meurt et on pleure chez Brieux et Bataille – pour retrouver une formule de pièce où amertume et tristesse se tempèrent de sagesse pratique. Mariée par intérêt familial à un jeune homme simplet mais richissime, qui se retrouve ruiné à la fin de la pièce, la malheureuse Anne-Marie des *Temps difficiles* se cherche une consolation dans la perspective d'une future carrière d'actrice. De même, l'héroïne du *Détour* (1902) de Bernstein, meurtrie par son milieu d'adoption, finit par trouver une vraie affection chez un « viveur » du monde qu'elle a tout fait pour quitter. Aux pleurs que l'on voit sourdre, l'auteur oppose alors le badinage spirituel de personnages mondains, dans une volonté de tempérer le pathos sous-jacent et un refus de prendre la vie au tragique, sinon au sérieux.

❒ *Anouilh ou la comédie de mœurs moderne.* Moins tonitruante, la dénonciation d'une « société d'apparences et d'apparat » (M. Corvin, *Le Théâtre de Boulevard*, P.U.F., Paris, 1989, p. 52) va être la marque de toute une génération de dramaturges de l'après-guerre qui, en choisissant dorénavant leurs sujets dans des milieux ordinaires et des situations banales, et en signalant les tares d'une humanité moyenne, tendent à leur public le miroir de ses propres défauts. L'heure est au réalisme du quotidien, avec sa double spécificité de concentration de l'intérêt dramatique sur le noyau familial et de reproduction fidèle du dialogue de la conversation journalière.

C'est chez Anouilh que s'élabore, depuis la guerre, une véritable comédie de mœurs moderne, où la leçon psychologique s'allie à une critique, à bien des égards encore moraliste, des bassesses et des corruptions de la famille et de la société. Hypocrisie, mauvaise foi, mensonge, lâcheté, égoïsme généralisés, rien n'échappe à ce procès de l'homme en société et de l'espèce humaine en général. Reniant l'optimisme sous-jacent du genre sérieux, ses pièces « noires » et « grinçantes » ont pour thème universel l'idée de corruption et de dégradation dans le temps. Face à cela, leurs héros, obsédés par un idéal de pureté ou de bonheur qui les pousse à refuser tout compromis, n'ont d'autre choix que la fuite du monde ou de la vie, comme Thérèse dans *La Sauvage* (1934) ou Ardèle dans *Ardèle ou la Marguerite* (1948). À cette fin tragique, Anouilh préfère parfois l'artificialité d'un dénouement ludique dans la lignée de celui du *Voyageur sans bagage* (1936) : horrifié par ce qu'il découvre de son passé, l'amnésique Gaston préfère renoncer à sa véritable identité et partir commencer une nouvelle vie avec le petit garçon qui se dit son oncle.

Avec ses personnages somme toute stéréotypés et ses contrastes et parallélismes voyants, une telle vision du monde n'échappe guère au didactisme. De fait, les pièces d'Anouilh ne laissent que peu de place au jugement libre du spectateur. En cela elles rejoignent les comédies de Dumas fils et, par-delà, les origines du genre sérieux.

Ce qui fait par ailleurs l'intérêt de ces pièces, c'est qu'elles abandonnent le ton sérieux et l'idée du genre moyen prônés par Diderot au profit du mélange non seulement des tons, mais des genres. Dans *La Sauvage*, le côté pique-assiette et le comportement grotesque de Tarde, le père de Thérèse, font pendant au déchirement existentiel de celle-ci. D'autre part, c'est sous les couleurs d'une scène farcesque que le quatrième tableau du *Voyageur sans bagage* présente le moment tragique de la reconnaissance par le héros de son identité et de son destin : Gaston, qui a baissé son pantalon, se contorsionne pour voir dans une glace la cicatrice qu'il a au dos, sous le regard narquois des domestiques qui l'observent par le trou de la serrure. Le cadre comique des pièces sert en fait à contenir ce que ces moments pourraient avoir de pathétique et à maintenir la distance de non-participation nécessaire entre l'action et le spectateur. Mais c'est dans des pièces comme *Ardèle* ou *La Valse des toréadors* (1951) qu'Anouilh réussit le mieux à fusionner des genres opposés, en l'occurrence ceux du vaudeville et du mélodrame : le destin d'Ardèle, la bossue grotesque de la famille, dont le suicide final dénoue la situation par un coup de théâtre, se joue sur un arrière-plan de « variations autour du lit » et d'adultères en cascades ; et derrière les incartades amoureuses et le langage cru du général Saint-Pé se lit la tragédie d'un homme qui a raté sa vie et compromis son idéal. Comme le reconnaît le général lui-même, « Quelle farce ! C'est lugubre... ». La vie est une farce amère et tragique et seul le mélange des genres peut en rendre compte. Comme Anouilh le fait dire à Adolphe dans *Le Boulanger* (1966), « il n'y a que les vaudevilles qui soient tragiques et qui ressemblent à la vraie vie ».

Au terme de sa carrière, la comédie sérieuse paraît ainsi bien avoir remis en question le principe même de l'unité de ton, respecté par Diderot et ses descendants, et préféré le mélange des tons et des genres à l'idée d'un ton sérieux, à mi-chemin du comique et du tragique, pour faire passer une leçon qui oscille du moral au social et au politique. Or c'est là rejoindre la voie déjà tracée au XIXᵉ siècle par l'esthétique hugolienne et sa technique de juxtaposition du rire et des larmes, du grotesque et du sublime.

Dès lors pourraient bien fusionner les deux orientations différentes de la comédie, déterminées par le drame bourgeois et le drame romantique : celle d'un sérieux mâtiné parfois de pathétique et de didactisme moral et social, dans un effort croissant de réalisme et d'illusion théâtrale, et celle d'une vérité choisie du cœur et de l'esprit, dans un mélange constant des tons et des genres, où le rire grince et où la vie s'achève en tragédie. La distinction traditionnelle des genres, imposée par la dramaturgie classique, a vécu, leçon que retiendra l'anti-pièce du théâtre contemporain (voir chap. 7).

TEXTE

■ Condition, relations, caractère

Pour Robert Abirached, la montée en puissance économique et intellectuelle de la bourgeoisie au XVIIIᵉ siècle a accéléré le discrédit de la dramaturgie classique en menant à la formulation d'une conception nouvelle de la mimesis *et au remplacement des notions conventionnelles de type et de caractère par une poétique du personnage, conçu comme résultante de son milieu social et domestique.*

À l'instar du personnage de roman, le personnage du théâtre bourgeois commence par recevoir, à partir des années 1760, toute une panoplie de déterminations propres à authentifier dès l'abord son appartenance à la réalité sociale et historique, mais aussi à le situer au milieu de la société comme un individu.

On va pouvoir désormais, et de plus en plus, établir l'état civil, la biographie, le degré d'éducation, le physique, le costume et le comportement du personnage, préalablement à son incarnation dans l'actualité scénique.

Le premier degré de cette caractérisation, c'est évidemment la notion de condition proposée par Diderot [...]. Le caractère, isolé de ses constituants et de ses réactifs sociaux, fournit des indications beaucoup trop générales : à ne contraster qu'avec d'autres caractères, note Diderot, il devient chargé, caricatural et tombe en dehors de la nature. Il faut donc le mettre en opposition avec des situations et des intérêts, tirés de la vie comme elle va. [...] Voici, dans *Les Deux Amis*, Aurelly, riche soyeux de Lyon, Mélac, receveur général des Fermes, Saint-Albin, fermier général en tournée, Dabins, caissier. Voici encore, dans *La Brouette du vinaigrier*, M. Delomer, négociant acculé à la faillite. Au lieu des caricatures du commerçant proposées par Molière, de M. Jourdain à M. Dimanche, ou du portrait du traitant gravé au burin par Lesage, le théâtre offre une image positive de la condition marchande d'abord, puis des principaux métiers que les gens réels exercent dans la société réelle. Foin des Matamores et des Capitans [...]. Assez de juges grotesques, comme dans *Les Plaideurs*, de paysans ridicules, comme George Dandin, d'amoureux éthérés, ou de valets insolents.

En un mot comme en cent, il est devenu insupportable d'« humilier la bourgeoisie, l'ordre sans contredit le plus respectable de l'État, ou, pour mieux dire, l'ordre qui fait l'État », selon l'expression de Sébastien Mercier. Reconnaître l'importance des conditions, c'est montrer le lien étroit de l'homme et de la collectivité dont il est membre, pour fonder en raison et en utilité ses démarches et ses comportements. Mieux : c'est concevoir le personnage comme un reflet des hommes tels qu'ils agissent ici et maintenant, dans la vie publique, à la fois comme un type et comme un individu.

In : Robert Abirached, *La Crise du personnage dans le théâtre moderne*, éditions Bernard Grasset, Paris, 1978, pp. 104-106.

5

Rire et mouvement

Définition et origines du vaudeville

Contrairement à la farce, qui repose sur une schématisation à partir des personnages (voir chap. 2), le vaudeville, dans l'acception moderne du terme repose, lui, sur une schématisation à partir des situations dont il tire l'essentiel de son comique. Art de l'imbroglio et d'un mouvement dont la folle accélération réduit les personnages à l'état de pantins, il est l'illustration parfaite des lois de Bergson sur le comique, un exemple de « mécanique plaqué sur du vivant » (*op. cit.,* p. 29). L'opposant à la farce, A. Roussin le définit comme :

> [...] un genre qui suppose un jeu d'entrées, de sorties, d'imbroglios, d'accumulations de toutes sortes, provoquant le rire avec des personnages sans épaisseur. Les péripéties font le vaudeville et non pas les personnages. Voilà pourquoi le vaudeville reste strictement gai et ne peut jamais toucher au tragique. Alors que la farce, elle, est toujours tragique parce qu'elle a pour base des personnages humains, et non plus des marionnettes. Le vaudeville utilise l'accumulation des péripéties, et ne joue que sur cette accumulation. Tout en riant, le spectateur se demande comment tout cela finira. La farce, elle, soit par le même procédé d'accumulation, soit par le grossissement, tend à la révélation d'une vérité humaine. (« Farce et vaudeville », *Cahiers Renaud-Barrault,* n° 32, déc. 1960, p. 70).

Visant au comique et à un comique, qui plus est, gratuit car il ne recouvre aucune leçon, le vaudeville ne dépasse pas le phénomène physiologique du rire. Il ne cherche qu'à divertir et à plaire en exploitant un rire non pas satirique, mais euphorique, qui n'implique aucun jugement de la part du spectateur. Il est pur divertissement.

Dépourvu d'ambitions morales ou psychologiques et de message politique ou social, le vaudeville est en définitive un genre théâtral plus scénique que littéraire, plus visuel qu'écrit. Réputé inférieur par la critique et les milieux intellectuels, il a de fait été boudé par les grands auteurs de la littérature française.

Le vaudeville n'a pas toujours été une comédie gaie et sans profondeur, accordant la primauté à l'intrigue et aux situations. Pendant un siècle et demi, il a été une sorte de comédie musicale où alternaient dialogue parlé et couplets chantés sur des airs déjà connus. C'était même la présence de ces couplets qui définissait le genre. Il n'est devenu ce qu'il est aujourd'hui qu'au XIXᵉ siècle, au terme d'une évolution marquée par un incessant besoin de renouvellement et un accord facile avec le public.

❏ *Le vaudeville-chanson.* Avant même d'être un genre dramatique, le vaudeville, connu alors sous le nom de *vaudevire*, a été au XVᵉ siècle un type de chanson populaire, gaie, souvent satirique et composée sur des airs familiers. Originaire de Normandie, il s'est répandu dans toute la France grâce au colportage et à la tradition orale, et le terme a fini par être couramment utilisé au XVIᵉ siècle pour désigner toute chanson populaire de circonstance. Modifié en « vaudeville » au début du siècle suivant, il a pris alors un sens plus précis, celui de chanson du peuple, et plus particulièrement de chanson du peuple parisien.

Étroitement liés pour la plupart à l'actualité, et dès lors rapidement démodés, les vaudevilles s'attaquaient autant aux petits faits divers et scandales en tous genres de l'existence quotidienne qu'aux grands événements politiques et militaires de la vie du royaume. On reconnaît là l'origine d'une tradition encore bien vivante de nos jours, celle de nos chansonniers et de leurs revues de l'actualité dans des spectacles publics et des émissions radiodiffusées. À côté de ces commentaires de l'actualité, on trouvait aussi des chansons bacchiques, également appelées « airs à boire », chansons de cabaret dans la tradition de Villon et de Rabelais, ainsi que des airs tendres et galants, ou au contraire franchement grivois, très populaires eux aussi. Mais quelle qu'ait été leur source d'inspiration, tous adoptaient la même structure en cinq ou six couplets, de longueur variable (de quatre à huit vers en général), comportant un refrain souvent composé d'onomatopées. La musique sur laquelle ils étaient chantés continuait d'être une mélodie préexistante, appelée « timbre » et transmise oralement, alors que les paroles, elles, étaient réunies dans des recueils mis à la vente.

À la fin du XVIIe siècle, le vaudeville a même accédé à la dignité d'un genre littéraire puisque Boileau l'a fait figurer aux côtés des satires d'Horace et de Juvénal dans son *Art poétique* de 1674, où il lui a consacré une vingtaine de vers. Soulignant son esprit, sa gaieté, sa fantaisie même, il y a vu une branche de la « satire », l'incarnation de la malignité nationale (II, v. 181-186).

C'est à cette époque également que, sous l'impulsion des expériences dramaturgiques du Théâtre Italien à Paris, le vaudeville-chanson s'est inséré dans le genre dramatique. La pratique d'introduire du chant dans la comédie n'était pas entièrement nouvelle toutefois. Après le succès de la *Comédie de chansons* (1640) de Charles de Beys, première comédie composée sur des airs connus, les « comédies-ballets » de Molière en avaient répandu la vogue dans les années 1660. Mais c'est l'habitude des comédiens italiens d'introduire des parodies d'opéra dans leurs pièces qui a surtout favorisé l'apparition du nouveau genre de la comédie en vaudevilles.

❐ **La « comédie en vaudevilles » du XVIIIe siècle.** La « comédie en vaudevilles » a été, dans les premières années du XVIIIe siècle, le produit d'une lutte, celle des deux grandes foires parisiennes, la foire Saint-Germain et la foire Saint-Laurent, contre la Comédie-Française, bastion du théâtre régulier, et l'Opéra, établi par Lulli. Détenteurs, l'une, du monopole de la comédie, l'autre, de celui des spectacles en musique, les deux établissements n'ont pu que voir d'un mauvais œil les tentatives des forains de profiter de l'expulsion en 1697 des Comédiens Italiens pour reprendre leur répertoire dramatique. Certaines des étapes de cette lutte méritent d'être mentionnées, car elles permettent de comprendre la naissance et le développement du nouveau genre.

Désireux de tourner l'interdiction officielle d'avoir recours au dialogue parlé dans leurs représentations, les acteurs forains ont commencé par imaginer, vers 1710, de sortir de leurs poches des rouleaux de parchemin sur lesquels était inscrit le texte de leur rôle. D'abord écrit en prose, ce texte a vite comporté des couplets de vaudeville dont les airs étaient chantés par les spectateurs. Vers 1712, autre modification, les parchemins, au lieu d'être tirés des poches des acteurs, sont tombés des cintres, sous la forme d'écriteaux tenus par des enfants. Ainsi naît la « pièce en écriteaux », entièrement composée de vaudevilles sur des airs connus et de timbres différents, dont le modèle est donné par *Arlequin, roi de Serendib* (1713) de Lesage.

Puis, après que les acteurs eurent enfin obtenu la permission de chanter eux-mêmes les airs des vaudevilles, le genre, qui s'est étoffé d'autre part par l'adjonction d'un texte en prose entre les couplets, a pris le nom d'« opéra-comique », sorte de pièce « mixte » à mi-chemin entre la comédie et l'opéra, et où se mêlaient merveilleux et facéties bouffonnes à l'italienne (le terme de « comédie lyrique » aurait d'ailleurs été plus approprié). Malgré les tracasseries inévitables des deux principaux rivaux de la foire, la Comédie-Française et l'Opéra, l'opéra-comique s'est développé sous l'impulsion de Lesage, qui lui a donné une forme construite et a privilégié les motifs satiriques, de Piron, qui l'a orienté vers l'imprévu et le bizarre, et de Panard qui, à partir de 1729, a entrepris de le moraliser, notamment par l'utilisation de l'allégorie.

Une nouvelle étape est franchie en 1741 avec *La Chercheuse d'esprit* de Favart, qui a achevé de rendre le genre respectable en le purgeant de son gros comique et en retranchant de sa gaillardise, mais sans supprimer toutefois les équivoques. Ce faisant, il optait pour le lyrisme et l'expression du sentiment, et cédait au goût, bien de son époque, pour la bergerie et l'évocation d'un monde rural idyllique. En témoigne sa *Chercheuse*, histoire un peu mièvre de deux ingénus de village qui découvrent l'amour.

La rivalité qui s'est développée dans les années 1750 entre les « comédies en vaudevilles » − ainsi appelait-on l'opéra-comique − et le genre nouveau des « pièces en ariettes », faites de couplets sur une musique spécialement composée pour la circonstance, marque toutefois un certain recul des premières au profit des secondes. Mais ce recul a été momentané, et leur regain de faveur dans les années 1780 aux mains d'auteurs comme Piis et Barré n'a même été que peu entravé par les heures sombres de la Révolution. Au contraire, la comédie en vaudevilles en a profité pour revenir à la satire politique qui avait caractérisé ses débuts.

La comédie en vaudevilles s'est ainsi développée tout au long du XVIIIe siècle en conformité avec l'évolution des mentalités et du goût de l'époque. Licencieuse sous la Régence, elle s'est faite raisonneuse et moraliste dans les années 1730 avant de succomber à l'esthétique de la sensibilité après 1740. Composée, à l'origine, de pièces et de morceaux empruntés à la *commedia dell'arte*, aux divertissements, comme aux pantomimes foraines, marquée par la confusion et l'incohérence, et conçue essentiellement pour tourner des interdictions, elle a fini par devenir un type particulier de pièce avec son esthétique propre.

C'est à Lesage qu'il revient de fournir le modèle de la comédie en vaudevilles. Pièce courte en un acte, faisant fi des règles de la pièce classique, et notamment des unités de temps et de lieu, celle-ci s'organise autour d'une action simple (car on est encore loin des imbroglios du XIXe siècle), qui consiste à tirer les conséquences d'une situation brièvement exposée dans les premières scènes. Cette action se ramène d'ailleurs fréquemment à une intrigue sentimentale, banale histoire d'amours contrariées.

Les sujets sont très variés, tour à tour orientaux ou mythologiques, pastoraux ou poissards – c'est-à-dire du bas peuple parisien – , parodiques ou allégoriques et moralisateurs ; mais leur apparente diversité ne sert souvent que de simple prétexte soit à la peinture de l'amour, soit à la satire des mœurs. Lesage affectionne ainsi tout particulièrement les petits tableaux satiriques révélateurs de la débauche et du libertinage de la société de la Régence, où défile tout un monde de stéréotypes sociaux tournés en ridicule, tels qu'avocats, docteurs, abbés, collecteurs d'impôts, petits-maîtres, laquais, etc. Protagonistes de l'action principale, ou rouages d'une intrigue secondaire, ceux-ci constituent le cadre social de l'intrigue sentimentale traditionnelle. À leur côté évoluent les héros de cette intrigue, jeunes gens sans grand relief, tous également beaux et sympathiques, ainsi que les autres personnages, répartis en obstacles à leurs amours (parents et rivaux) ou en « adjuvants » (les multiples valets et soubrettes).

Ils ne sont pas les seuls car, outre les dieux et demi-dieux, fréquents dans les parodies d'opéra, les allégories chères à Panard, et les ingénus et ingénues de village lancés par Favart, on trouve aussi dans cette foule immense les personnages de la *commedia dell'arte*, légués aux Forains par les comédiens italiens. Ce sont surtout Arlequin, le favori, Scaramouche, Colombine, Isabelle, Léandre et Pierrot ; Pantalon étant laissé pour compte et Polichinelle passant aux marionnettes. S'ils ont gardé leurs *lazzi*, leurs masques et leurs costumes, leur personnalité s'est en revanche considérablement modifiée depuis les beaux jours de la *commedia dell'arte*. De poltron, glouton et ivrogne, Arlequin est devenu un coquin impudent, cynique et railleur, quand il n'est pas l'amoureux modèle de *Colombine mannequin* (1793). Placés dans les situations les plus diverses, chargés de rôles plus ou moins opposés à leur caractère (comme dans *Arlequin gentilhomme supposé*, 1719, ou *Arlequin-Thésée*, 1745), ils ont subi une cure de rajeunissement. Ce sont eux qui, dans le premier tiers du XVIIIe siècle, prennent en charge le comique physique et farcesque de la comédie en vaudevilles, avec leurs acrobaties et bouffonneries extravagantes, leurs équivoques grivoises ou leurs plaisanteries scatologiques. Tous les personnages d'ailleurs ont pour objet de faire rire, et tous les moyens sont bons. On chercherait en vain dans la comédie en vaudevilles une étude psychologique, une quelconque peinture de caractère.

L'essentiel du genre reste encore ses couplets, désormais reliés entre eux par un texte en prose. Si leur forme ne s'est guère modifiée depuis leur insertion dans un genre dramatique, leur nombre et leur place sont variables (certaines pièces ne comportent qu'un vaudeville final), leur nature également. On distingue ainsi : les couplets « de situation », qui servent à présenter l'exposition ou à marquer la progression de l'intrigue, et se signalent par leur clarté et leur simplicité ; les couplets « de circonstance », sorte de morceaux de bravoure sur des sujets très divers ; les couplets « de facture », qui remplacent des explications risquant d'être fastidieuses ; les couplets « au gros sel », grivois et grossiers ; enfin les couplets « d'annonce » et les couplets « publics », qui encadrent la pièce et dans lesquels les acteurs s'adressent directement au public. Mais qu'ils servent à rendre les passions des personnages, à éclairer leur caractère ou à ridiculiser tel ou tel trait de mœurs, tous ont pour rôle « d'animer une scène » (H. Gidel, *Le Vaudeville,* P.U.F., Paris, 1986, p. 32). Quant au vaudeville final, plus long que les autres, il est l'occasion de rassembler sur scène les personnages de la pièce qui, chantant à tour de rôle les divers couplets, tirent la morale de la pièce, laquelle, dans le premier tiers du siècle, malmenait quelque peu la morale traditionnelle.

L'habileté de l'auteur se marquait en grande partie à l'aisance avec laquelle il associait ces couplets à des airs populaires selon des principes d'analogie ou de contraste. Le choix du timbre pouvait en effet renforcer le sens des paroles ou le contredire par un effet d'opposition parodique. Lesage s'est montré à cet égard moins adroit et moins ingénieux que Favart.

C'est paradoxalement cet élément essentiel à la composition du genre qui allait disparaître au siècle suivant, pour donner naissance au vaudeville tel que nous le connaissons aujourd'hui. En effet, au terme de sa première période, le vaudeville n'était encore qu'une pièce « mixte », à la fois comédie et musique, qui visait souvent à faire rire par des situations cocasses ou des types bouffons. Mêlée d'allusions à l'actualité et de traits satiriques, elle se caractérisait également par un refus de l'illusion théâtrale.

Le vaudeville au XIXe siècle

Le vaudeville a connu un grand développement au XIXe siècle, et cela dès les premières années du siècle, en réponse sans doute à un besoin de divertissement du public après les troubles sanglants de la Révolution. C'était alors le genre facile et léger par opposition à la comédie en cinq actes et en vers qui évoluait, elle, dans le sens du sérieux et du tableau de mœurs réaliste (voir chap. 4) ; car le vaudeville, sous ses avatars successifs, a gardé pour constante de ne chercher qu'à faire rire son public, quel qu'il soit.

Deux tendances majeures se dégagent de ce développement du vaudeville au XIXᵉ siècle : l'une qui a entraîné le genre du côté de la farce, l'autre qui l'a poussé du côté de l'anecdotique. Bien entendu, ces deux tendances ne s'excluent pas l'une l'autre et peuvent se rejoindre et coexister dans une même pièce.

❐ *Le vaudeville anecdotique.* À la catégorie du vaudeville anecdotique appartiennent toutes les pièces marquées par des caractéristiques communes de référence à l'actualité et de satire de portée générale. Les sujets sont variés. Ce peut être la mise en scène d'une anecdote du passé ou d'un fait divers contemporain, prétexte bien souvent à de petits tableaux de mœurs. C'est le cas de *Fanchon la Vielleuse* (1803) de Bouilly et Pain, qui dépeint dans l'entourage de l'ancienne chanteuse de foire tout un monde de commerçants, de petits-maîtres et d'abbés galants. Dans la première moitié du siècle, ce type de sujet est même traité sur un ton sentimental et moralisateur, hérité du XVIIIᵉ siècle. Le mariage est de rigueur à la fin. Ainsi, malgré la différence des conditions sociales, Fanchon, l'artiste au grand cœur, finit par épouser le noble colonel qui la courtise sous un faux nom.

Dans cette catégorie entre aussi ce que H. Gidel appelle le « vaudeville de circonstance » (*op. cit.*, p. 45) qui s'attache, lui, à la défense et à l'exaltation du régime politique, quel qu'il soit. *Le Retour des Lys* (1815) de Désaugiers est, comme son nom l'indique, une célébration de la Restauration de la monarchie en France. D'autres pièces célèbrent en revanche le couronnement de Napoléon, ses victoires, ainsi que la naissance de l'Aiglon et autres grands moments de l'Empire.

Autre exemple de vaudeville politique, satirique cette fois : le « vaudeville revue de fin d'année », dont les divers couplets passent plaisamment en revue les événements des mois écoulés, type de pièce encore bien vivant de nos jours. Certains vaudevilles s'attaquent de manière plus topique aux folies et extravagances du jour incarnées dans les modes nouvelles et les inventions scientifiques récentes. Citons par exemple *Les Montagnes russes* (1816), où Scribe et Dupin prennent pour cible la nouvelle machine foraine. L'invention du télégraphe et du vélocipède sert également de pâture à la satire des vaudevillistes dans deux œuvres intitulées respectivement *La Nouvelle télégraphique* (1811) et *Les Vélocipèdes de la Poste* (1811).

❒ *Le vaudeville-farce.* La seconde direction prise par le vaudeville est marquée par une exploitation des procédés et des techniques de la farce tels qu'ils se sont développés sur les tréteaux des foires au cours des siècles précédents. S'y combinent une tendance au grivois, qui a résisté aux tentatives de plusieurs auteurs comme Panard au XVIIIe siècle et Scribe au XIXe pour moraliser le genre ; un penchant pour le bouffon et le loufoque – d'où le nom de « folies-vaudevilles » parfois donné à des pièces comme *L'Ours et le Pacha* de Scribe, 1820 ; et un goût pour la parodie d'opéras et de tragédies. *Ruy-Blas* et *Marion de Lorme* ont ainsi servi de cible à la verve moqueuse et spirituelle de Redon et de Brazier dans *Ruy-Brac* (1838) et *Une Nuit de Marion Delorme* (1831).

Mais, comme le vaudeville anecdotique, le vaudeville-farce ne se signale guère par ses qualités formelles, surtout dans le premier tiers du XIXe siècle. Les pièces sont en général assez mal construites, les intrigues minces, pour ne pas dire inexistantes, et l'introduction des couplets peu motivée. Des réformes s'imposaient.

L'une, menée par Scribe, a conduit dès la fin des années 1820 au transfert dans le vaudeville de la technique de la comédie d'intrigue, et au rattachement de celui-ci à la comédie de mœurs. Ce devait être la « comédie-vaudeville », pièce comique, mais pièce « bien faite », selon des normes empruntées à l'esthétique post-classique. L'autre, préparée aussi par Scribe, a abouti dans les années 1860 à l'abandon de ses couplets, composante originale et essentielle du genre, mais de plus en plus sentie comme postiche et incongrue. Si Scribe lui-même ne les a pas complètement abandonnés et s'est bien souvent contenté d'en réduire le nombre et la longueur, ses successeurs, en revanche, y ont renoncé, inaugurant une nouvelle période du genre.

❒ *Scribe, Labiche et la comédie-vaudeville.* Cet art de la pièce « bien faite » que Scribe a apporté à la composition du vaudeville a fait de celui-ci un véritable genre littéraire avec des règles et une dramaturgie propres. Non seulement il s'est efforcé de lui donner ainsi ses lettres de noblesse, mais a également cherché à développer une nouvelle formule qui puisse entretenir durablement l'intérêt du public pour le genre.

C'est sur la combinaison même des circonstances, l'enchaînement quasi mécanique des faits, que repose l'intérêt dramatique du vaudeville nouvelle formule, et non sur le heurt des caractères ou des volontés qu'ils peuvent produire, ni sur l'étude des passions qui les causent ou qui en résultent. Le critique Sarcey distingue ainsi trois types de pièces, selon que la situation initiale, point de départ de la pièce, se développe en fonction des caractères, des passions, ou des événements qui la bouleversent. Le vaudeville est bien évidemment du ressort de la dernière catégorie, puis-qu'il « cherche, en dehors de ces grands mobiles des actions humaines, les caractères et les passions, la part d'influence qu'ont les événements qui naissent d'une situation et qui la compliquent » ou la modifient *(op. cit.)*.

Ces événements, générateurs de la situation ou produits par elle, sont alors, dans ce milieu factice qu'est toute pièce, examinés pour eux-mêmes, présentés isolément, indépendamment des caractères et des passions aux-quels ils sont liés dans la vie courante. Sarcey définit de la sorte le travail de l'écrivain :

> L'écrivain choisit un incident de la vie ordinaire qui lui semble curieux. Le fait une fois mis en branle va se heurter à des obstacles, disposés avec art, contre lesquels il rejaillit, jusqu'à ce qu'enfin il s'arrête, à la suite d'un certain nombre de carambolages ou coups de théâtre, sa force d'action étant épuisée. *(Ibid.)*.

L'intrigue se ramène dès lors à l'exploitation d'un phénomène de méca-nique, celui de l'énergie donnée à une masse – la situation de départ – par une force d'impulsion initiale et conservée par inertie jusqu'à son arrêt final. Phénomène qui appelle à certains égards la comparaison avec une « boule de billard » mise en mouvement (Sarcey, *op. cit.*). Ayant ainsi posé comme situation de départ dans *Une Chaîne* (1841), le désir d'un jeune homme de faire une fin et de se marier, Scribe se penche sur tous les obstacles que peut opposer à ce dessein la vie passée du jeune homme et, notamment, l'existence d'une ancienne maîtresse.

Pour faire progresser l'action, Scribe et Labiche, après lui, ont exploité toutes les ressources du quiproquo et multiplié les coups de théâtre et les rebondissements imprévus de l'action, imprimant ainsi à la pièce un mou-vement qui va s'accélérant au fil des actes. Labiche ne décrit-il pas sa pièce au critique Abraham Dreyfus, comme « une bête à mille pattes qui doit toujours être en route. Si elle se ralentit, le public bâille ; si elle s'arrête, il siffle ». Ceci permet par ailleurs de dissimuler les rouages de la mécanique et de masquer de surcroît le manque d'épaisseur de la pièce.

Prenons par exemple *Un Chapeau de paille d'Italie* (1851). Les prépa-ratifs de mariage du protagoniste, Fadinard, sont bouleversés par un inci-dent tout à fait fortuit. Son cheval a mangé le chapeau d'une dame surprise en galante compagnie et, de ce fait, compromise. Il lui doit réparation, c'est-à-dire remplacer ledit chapeau. À partir de là, l'action de la pièce n'est plus qu'une cascade de quiproquos. Ignorant les raison des déplacements de Fadinard, la noce qui le suit, beau-père en tête, prend successivement la boutique d'une modiste pour la mairie, l'hôtel particulier d'une baronne pour un restaurant et l'appartement du mari de la dame compromise pour le nid des jeunes époux. De ces situations absurdes provoquées par la rencontre imprévue des faits, ce que Bergson appelle « l'interférence des séries » (*op. cit.,* pp. 75-76), naît le comique désopilant de cette pièce, qui se rattache d'ailleurs à la tradition du vaudeville-farce.

Le quiproquo et l'interférence des séries ne sont pas toutefois les seules sources de comique de la comédie-vaudeville. Les effets de répétition, de réversibilité des situations – ainsi le chapeau tant désiré après lequel court Fadinard dans toute la pièce n'est autre que celui que son cheval a mangé –, y contribuent également. À cela Labiche ajoute une fantaisie parfois délirante des situations et de leur développement. La donnée de départ est sans vraisemblance, et les événements qui la compliquent s'enchaînent selon un rythme fou. Le mouvement de la pièce, rendu sensible par les thèmes de la quête et de la course-poursuite dans lesquelles sont engagés les personnages, va s'accélérant, provoquant un rire ininterrompu jusqu'au dénouement où tout finit miraculeusement par s'arranger. Ainsi le cadeau de mariage de l'oncle Vézinet se trouve être, comme par hasard, un chapeau d'Italie semblable en tous points à l'objet du délit.

Ce mouvement effréné et ce comique de l'absurde qui affranchit la pièce de l'illusion et de la vraisemblance, allaient désormais être sentis comme composantes essentielles de la définition du genre.

La conception mécanique de l'action imposait par ailleurs au vaudevilliste d'apporter un soin tout particulier à la construction de l'ossature de sa pièce. On comprend aisément que Scribe ait pu dire que l'essentiel était dans le choix du plan et l'établissement de l'ordre logique des scènes. Renchérissant sur ce point, Labiche a décrit par le menu sa méthode :

> J'ai donc une idée, ou je pense en avoir une. Je prends une main de papier blanc, du papier de fil – je ne trouve rien sur un autre –, et j'écris sur la première page : PLAN.
> J'entends par plan la succession développée, scène par scène, de toute la pièce, depuis son commencement jusqu'à la fin. Tant qu'on n'a pas la fin de la pièce, on n'en a ni le commencement ni le milieu. Ce travail est évidemment le plus laborieux, c'est la création, l'accouchement. Une fois mon plan fini, je le reprends et je demande à chaque scène à quoi elle sert, si elle prépare ou développe un caractère, une situation, enfin si elle fait marcher l'action. *(loc. cit.).*

Cette attention accordée au plan de la pièce ne vise pas seulement à garantir une bonne marche de l'action, elle a aussi pour but de s'assurer la complicité du public. Il importe en effet que celui-ci soit à même de suivre sans peine la succession des événements, de comprendre leur enchaînement, et pour cela une bonne connaissance des situations s'impose. D'où la longueur et la lenteur des expositions. D'où également la minutie des préparations, car l'événement ne doit le surprendre qu'à demi. Tout événement qui se produit doit être le résultat logique des événements précédents ou avoir été annoncé plus ou moins indirectement. Surprise et suspens sont organisés, ménagés, dosés avec art.

D'autre part, l'auteur doit construire sa pièce selon une savante progression de l'intérêt et avoir le sens des « effets ». Chaque acte comporte alors une grande scène, une « scène à faire », qui ponctue l'intrigue et qui est composée avec autant de soin que la pièce elle-même. Conçue également comme une progression, elle est comme un tout dans le grand tout de la pièce. C'est vers elle que converge l'intrigue bien agencée de la comédie-vaudeville.

Or un genre qui repose sur l'épuisement d'une force d'action initiale impose des limites assez étroites de développement à la pièce, car un événement ne mène jamais très loin. S'appuyant sur la pratique de Scribe, et bien que Labiche, lui, ait opté pour une structure en cinq actes, Sarcey recommande une longueur ne dépassant pas trois actes. Après une exposition détaillée et un développement consacré à une oscillation perpétuelle entre l'espoir et le désespoir, la conclusion s'impose assez vite, moment où il faudra distribuer conventionnellement les peines et les récompenses. On retrouve là la construction classique de la comédie dont s'était affranchi le vaudeville originel.

Les événements conduisant la pièce, il est inévitable alors que le vaudevilliste ne tienne que fort peu compte des caractères, des sentiments et des mœurs. D'ailleurs, la comédie-vaudeville exploite une conception mécaniste des personnages qui les réduit à un comportement schématisé, résultat non de grandes impulsions profondes, mais de la force de ces événements qui les dépassent. Chez Labiche, ces personnages sans âme sont d'autant plus risibles qu'ils se montrent insensibles à cette cascade d'événements imprévus et de rebondissements de situation, et qu'ils croient même dominer une situation dont le contrôle leur échappe totalement.

Picard avait fait en 1806, dans *Les Marionnettes*, la théorie de ces personnages pantins qui « obéissent aux circonstances comme à des fils conducteurs » :

> [...] nous tournons au gré de nos passions et des circonstances comme un sabot sous le fouet de l'écolier. Notre intérêt fait de notre âme une cire molle prenant toutes les formes sous la main qui la pétrit, et la tête de chaque homme devient comme une girouette poussée et repoussée selon le vent qui souffle. [...] Nous croyons avoir une volonté, et le plus souvent nous n'avons

que celle que les événements nous donnent. Chez les petits, chez les grands, dans les palais, dans les chaumières, mêmes passions, mêmes inconséquences, même asservissement aux circonstances. (I, 1).

Et, d'après lui, le comportement des uns ne pouvait que rejaillir sur le comportement des autres, qu'il détermine nécessairement car « dans cette vie tout s'enchaîne, et tout marche par ricochets » (*Les Ricochets,* 1807, sc. 25).

Sur cette présentation des personnages, types par ailleurs conventionnels de la comédie – , on retrouve le père inflexible, l'héroïne sentimentale et l'amoureux au grand cœur – , se greffe néanmoins l'ébauche d'un tableau des mœurs ; car ce que le vaudeville véhicule par la référence au saugrenu, c'est en fait la réalité sociale de son temps. Scribe s'est ainsi penché tout particulièrement sur le problème du mariage et celui de l'argent, thèmes qu'il a renouvelés, en ce sens qu'il lui est arrivé de prendre parti, dans le premier cas, pour la raison contre le sentiment, le bon sens contre la passion, et de privilégier *Le Mariage de raison* (1826) aux dépens du *Mariage d'inclination* (1828) ; et, dans le second, s'il a condamné le jeu (*Le premier Président,* 1832) et la spéculation (*Les Actionnaires,* 1829), c'est en revanche pour valoriser le travail et faire de l'argent le noble fruit de l'effort. Labiche a choisi d'observer la mesquinerie et l'étroitesse d'esprit de la petite et moyenne bourgeoisie de son temps. Culte de l'argent, mais souci prudent d'économiser, solennité et bêtise, vanité et ingratitude sont les traits qui circonscrivent la peinture sans illusions de ce bourgeois, en qui Labiche a surtout vu le conformiste terre-à-terre par excellence, l'antithèse et l'ennemi non de l'ouvrier mais de l'artiste, le « philistin », dont le Joseph Prudhomme d'Henri Monnier est le type achevé au théâtre.

Bien qu'à peine ébauchée, cette observation critique sur les mœurs a empêché le vaudeville de sombrer tout à fait dans le superficiel et le gratuit, tout en assurant une certaine continuité du genre par le maintien de la référence au satirique. Et loin d'y faire obstacle, l'absurde et le saugrenu des pièces de Labiche se sont imposés à l'auteur, de même qu'au public bourgeois, comme le seul mode possible pour la véhiculer.

Fin d'une époque, fin d'un genre : le vaudeville sans couplets

C'est vers la fin du Second Empire que le vaudeville a achevé de se transformer en perdant ses couplets. Mais, en perdant ce qui lui avait donné son nom et qui, pendant cent cinquante ans, l'avait défini comme genre, ne renonçait-il pas à sa spécificité ? En quoi se distinguait-il désormais des autres comédies légères ? De fait, le vaudeville en tant que tel semblait avoir vécu. Feydeau, le plus grand représentant de ce nouveau type, a ainsi préféré appeler ses compositions « pièces » ou « comédies », plutôt que vaudevilles.

Or, tout en perdant ses couplets, le vaudeville n'en a pas moins gardé certains traits bien reconnaissables, et notamment l'accent sur le côté scénique de la pièce, le rire quasi continu reposant avant tout sur le comique de situation, l'absence d'ambitions psychologiques, morales ou sociales, et la volonté de coller aux attentes du public aux dépens de la qualité littéraire de l'œuvre. Il s'est heurté alors à la concurrence de l'« opérette », autre exemple de comédie légère, bénéficiant, elle, de cette partie lyrique dont il était dorénavant privé. Cette concurrence ne l'a pas empêché toutefois de continuer à se développer dans les dernières années du XIXᵉ siècle et au début du siècle suivant, dans deux directions familières : l'une, tirée du vaudeville anecdotique ou farcesque, l'a entraîné vers une composition à tiroirs, l'autre a exploité la technique de la pièce « bien faite » de Scribe.

❏ *Le vaudeville « à tiroirs »*. De la première tendance ressort le vaudeville dit « à tiroirs », type de pièce dont la structure assez lâche se laisse décomposer en une série d'épisodes, de sketches quasiment traités pour eux-mêmes et plus ou moins bien cousus ensemble par un fil ténu. Mais d'intrigue véritable, point. Sarcey a critiqué ce mode de composition négligente, où les auteurs « jettent les scènes au hasard comme une fronde » *(op. cit.)*. Ce peuvent être de petits tableaux de mœurs, souvent satiriques, revues de modes contemporaines ou autres faits d'actualité, ou des « clous », scènes à sensation centrées sur la prestation d'un artiste célèbre, un effet de décor ou de machines, etc. Le seul véritable intérêt de ces pièces réside en fait dans leur comique, comique surtout verbal d'un dialogue pétillant de verve et d'esprit. Mais les critiques, déjà sévères pour le vaudeville bien structuré, le sont davantage pour une forme dans laquelle certains ne voient qu'une sorte d'opérette bâtarde, d'opérette en quelque sorte sans musique.

❏ *Les hennequinades*. Forme structurée du vaudeville, issue des travaux de Scribe et de Labiche, les « hennequinades » doivent leur nom à Alfred Hennequin, dont *Les Dominos roses* ont donné en 1876 le modèle d'une pièce rigoureusement, quasi mathématiquement construite, à l'intrigue complexe articulée autour d'une cascade de péripéties et de quiproquos. Feydeau a encore perfectionné le genre dans ses grands vaudevilles en trois actes des années 1890, le transformant en classique de la littérature française.

Le vaudeville hennequinade se caractérise en effet par l'extrême complexité de son intrigue car, comme l'explique Sarcey, « au lieu d'avoir une action dont ils suivent les combinaisons [les nouveaux vaudevillistes] en emmêlent rapidement quatre ou cinq à la fois, dont les incidents se heurtent sans cesse et rejaillissent les uns sur les autres » *(op. cit.)*. Par suite de cet enchevêtrement des faits, de la multiplication des péripéties qui en résulte, la situation évolue et se modifie rapidement, faisant basculer sans cesse les protagonistes du soulagement à l'appréhension et vice versa.

Pareille à une mécanique de précision, savamment équilibrée, dont on ne saurait retrancher la moindre pièce sans voir crouler tout l'édifice, chacune des œuvres de Feydeau est aussi l'illustration d'un art des préparations poussé à l'extrême. Tout est

> [...] réglé, expliqué, justifié, dans la plus extravagante bouffonnerie. Les quiproquos rebondissent sans cesse les uns sur les autres, et il n'y en a pas un qui ne soit amené, pas un dont on ne se dise, quand il se produit :
> - Oui, c'est vrai, ça ne pouvait pas se passer autrement.
> Il n'y a pas un détail oiseux ; pas un qui n'ait son utilité dans l'action, il n'y a pas un mot qui ne doive avoir, à un moment donné, sa répercussion dans la comédie. (Sarcey, *op. cit.*).

Vont ainsi de pair la logique rigoureuse du déroulement d'une action préparée dans ses moindres détails et respectant la structure dramaturgique classique de l'intrigue, avec exposition, nœud et dénouement, et l'absurdité d'une multiplication presque illimitée des péripéties.

Parti d'une situation toujours vraisemblable à l'origine et qui, malgré quelques tensions, aurait dû se dérouler selon l'ordre normal des choses, le vaudevilliste a recours, pour modifier cette situation, ou plus exactement pour la bouleverser, à ce que H. Gidel appelle un « événement déclencheur » (*Le Théâtre de Georges Feydeau,* Klincksieck, Paris, 1979, p. 105). Coïncidence malheureuse, méprise ou arrivée inopinée, celui-ci entraîne à son tour toute une série de péripéties grossies comiquement. D'où la comparaison, par Feydeau lui-même, de la construction de la pièce à une « pyramide retournée ».

> Je pars toujours de la vraisemblance. Un fait – à trouver – vient bouleverser l'ordre de marche tel qu'il aurait dû se dérouler. Et j'amplifie l'incident. Si vous comparez la construction d'une pièce de théâtre à une pyramide, on ne doit pas partir de la base pour arriver au sommet, comme on l'a fait jusqu'ici. Moi, je pars de la pointe, et j'élargis. (*in :* « L'Époque Feydeau », *Candide,* 4 déc. 1939).

La méthode suivie par Feydeau pour la construction de ses vaudevilles s'écarte en fait sensiblement du patron de la pièce « bien faite » cher à Scribe. Au lieu de dresser d'abord un plan, comme Labiche, Feydeau préfère partir d'une idée qu'il développe ensuite selon sa fantaisie, ce qu'il résume ainsi :

> [...] mes pièces sont entièrement improvisées ; l'ensemble et le détail, le plan et la forme, tout s'y met en place à mesure que j'écris. Et pour aucune d'elles je n'ai fait de canevas. *(Ibid.).*

Des péripéties variées qui peuvent faire progresser l'action, Feydeau en retient surtout deux : la rencontre intempestive et le quiproquo. Péripétie des plus efficaces, la rencontre intempestive, surtout dans le domaine des amours adultères, met en présence des personnages lancés sur des trajectoires parallèles et poursuivant des buts inconciliables. Car Feydeau n'a de cesse, il le dit lui-même, de faire rencontrer systématiquement des personnages qui ne devraient surtout pas se trouver en présence l'un de l'autre :

> Quand je fais une pièce, je cherche parmi mes personnages quels sont ceux qui ne devraient pas se rencontrer. Et ce sont ceux-là que je mets aussitôt que possible en présence *(in :* « Georges Feydeau vu par son fils Jacques », *La Tribune de Genève,* 8 mai 1962).

En fait, plus qu'une péripétie, la rencontre intempestive est la situation-clé par excellence, le principe même de la progression de l'intrigue. Comme tous les autres obstacles qu'ils trouvent sur leur route, elle oblige les protagonistes à réagir avec promptitude et à masquer leur stupéfaction et leur inévitable désarroi. D'où ces comédies du comportement, ces pirouettes verbales, comme celle de la dame surprise en flagrant délit d'adultère dans *La Main passe* (1904) et qui réplique au mari : « Quoi ?... quoi ? qu'est-ce que tu vas encore t'imaginer ? », qui tiennent véritablement de l'acrobatie dans cet effort laborieux de rétablissement de la situation.

Autre procédé classique : le quiproquo, bref et isolé, ou généralisé et en cascade, qui devient alors moteur de l'intrigue, comme dans *La Dame de chez Maxim* (1899), où une méprise initiale (le fait de prendre la Môme Crevette pour la respectable épouse du docteur Petypon) en engendre une multitude d'autres. Comme l'écrit A. Roussin, « l'erreur est le domaine du vaudeville » *(op. cit.,* p. 71). Et cette erreur peut porter sur tout, sur l'identité des personnages, sur leurs motivations et leurs sentiments, de même que sur la vraie nature d'un lieu, ou l'état réel d'une situation, avant que le dénouement ne dissipe tous les malentendus par une explication longtemps différée. Rencontres intempestives et quiproquos sont bien entendu également d'excellentes sources de comique.

Les rebondissements incessants de la situation impriment un *tempo* rapide à la pièce, un mouvement continuel qui se concrétise sur scène par la frénésie qui emporte les divers personnages dans des allées et venues perpétuelles, des irruptions-surprise, des parties de cache-cache, des courses-poursuites spectaculaires, comme celles de Bouzin et du général Irrigua dans *Un Fil à la patte* (1894). Toute cette agitation s'accompagne d'un bruit assourdissant de cris d'affolement, de pas précipités, de portes qui claquent, voire de toute une série de sons inattendus et répétés, comme les timbres électriques placés sous le matelas des coupables dans *Le Dindon* (1896) ou les sonnettes du restaurant des *Dominos roses*, et qui doivent fournir la preuve de l'adultère. D'ailleurs le dialogue lui-même, par ses répliques brèves et rapides, ses phrases interrompues, ses interjections, ses exclamations, ses déformations linguistiques en tous genres, défauts de langue comme accents régionaux ou étrangers, contribue également à l'impression de confusion de l'ensemble.

Lieu des rencontres intempestives, le deuxième acte, qui se situe dans un décor différent des deux autres, généralement un hôtel de passe, le salon d'une cocotte ou une garçonnière, est le plus mouvementé. L'intrigue y réunit souvent tous les personnages, dont la présence simultanée en un même endroit a pour effet d'accélérer le rythme de l'action. Tel est par exemple L'hôtel du Minet Galant dans *L'Hôtel du Libre-Échange* (1894), où se retrouvent neuf des personnages de la pièce qui, parce qu'ils ne devraient surtout pas s'y rencontrer, tombent éperdus les uns sur les autres dans leur effort pour se fuir mutuellement.

Mais qui dit rencontres intempestives et tentatives désespérées pour les éviter, dit aussi escaliers providentiels et cachettes inattendues. Placards, armoires, « cabinets » et lits entrent alors en jeu, suggérant une certaine « porosité » du lieu scénique et l'existence d'un deuxième lieu, caché, mais toujours découvert. Pour multiplier les dégagements nécessaires au mouvement de ses pièces, Feydeau imagine même des décors truqués, comme le lit tournant de *La Puce à l'oreille* (1907), qui permet d'escamoter le couple adultère et de le remplacer par un vieillard paralytique. Loin d'être un simple cadre, genre de « salon à volonté », le décor est ici un élément essentiel du jeu.

Pris dans un rythme de manège fou, les personnages sont semblables à ces marionnettes de Picard, ballottés au gré des circonstances et entraînés dans une fuite en avant fébrile qui les précipite, tête baissée, dans le piège qu'ils cherchent à éviter. Happés par l'engrenage de l'action, ils ne sont plus eux-mêmes que de simples éléments de cette mécanique toute-puissante, déréglée en ce sens qu'« un dérèglement mécanique, c'est une mécanique qui marche trop bien, si bien que tout n'est plus qu'une mécanique » (*Entretiens avec Ionesco*, 1966, p. 59). Les indications de l'auteur les décrivent souvent comme des pantins à ressort, des toupies, dont le comportement réactif n'est pas l'effet d'une volonté autonome, mais le résultat de chocs ou de tourbillons extérieurs. À moins qu'ils n'illustrent, par leurs réapparitions successives, l'exemple du diable dans sa boîte de Bergson. On pense ainsi à l'Anglais Rugby, surgissant de sa chambre d'hôtel dans *La Puce à l'oreille* pour demander « *Nobody called ?* ». Ailleurs ce sont des projectiles, des « boulets », des « bombes », qui renversent tout sur leur passage, ou des ballons que l'on se jette, comme l'oncle Van Putzeboum dans *Occupe-toi d'Amélie* (1908).

Cette raideur mécanique, cette espèce d'automatisme du personnage sont une nouvelle façon de provoquer le rire, comme est risible, pour Bergson, « du mécanique plaqué sur du vivant ». Privés de personnalité fouillée, car « pénétrer trop avant dans la personnalité, rattacher l'effet extérieur à des causes trop intimes, serait compromettre et finalement sacrifier ce que l'effet avait de risible » (Bergson, *op. cit.*, p. 129), les protagonistes du vaudeville hennequinade sont en danger d'être des fantoches, malgré l'impression de vie qui se dégage d'eux.

Stéréotypés, ces personnages appartiennent au répertoire traditionnel : les hommes s'y répartissent en séducteurs souvent déconfits, célibataires noceurs ou maris volages, et en hommes tranquilles et faibles, tyrannisés par leurs épouses et entraînés à leur corps défendant dans une série de mésaventures cocasses ; les femmes se partagent entre les cocottes (c'est à Feydeau que revient l'innovation de les mettre au premier plan, comme dans *La Dame de chez Maxim* ou *Occupe-toi d'Amélie*) et les épouses jalouses ou dominatrices, dans l'ensemble fidèles, mais prêtes à se venger à la moindre incartade du mari, telle Lucienne Vatelin dans *Le Dindon*. Le trio vaudevillesque du mari infidèle, de la maîtresse et de l'épouse ou fiancée, ou celui de la femme trompée, du mari et de l'ami s'offrant à la venger, est vite constitué. Aux portes qui claquent des courses-poursuites, s'ajoutent les placards et les caleçons de l'adultère bourgeois. Celui-ci est bien au fond dans la veine gaillarde de l'ancien vaudeville et rejoint en dernière analyse l'un des schémas de base de la farce traditionnelle : derrière cette mise en scène comique du ménage à trois, se profile une vision pessimiste du couple.

Comme chez Labiche, tous ces personnages sont des bourgeois rentiers ou membres de professions libérales. D'ailleurs comment trouveraient-ils autrement le loisir nécessaire à leurs aventures sentimentales ? À l'égoïsme, à la sottise et à la vanité traditionnelles du bourgeois, les hommes allient un libertinage et un art du mensonge, imaginatif mais grossier, qui leur est nécessaire pour se tirer de pas difficiles. Souvent pris dans la réalité quotidienne et malgré quelques traits particuliers à chacun, ils sont dans l'ensemble peu différenciés, à la différence des femmes, plus individualisées (pensons à Mme Petypon, la bigote, à cette « teigne » de Mme Pinglet dans *L'Hôtel du Libre-Échange*, ou encore à la Môme Crevette et à sa gouaille faubourienne). Tous, hommes comme femmes, sont en fait bien plus des rôles, des emplois, que des personnalités ; ce sont les éléments constituants hautement prévisibles d'une intrigue de ménage à trois et, au-delà, d'un jeu théâtral visant au comique. La satire, si satire il y a, de ce petit monde de fêtards et de cocottes, est avant tout au service d'un certain nombre de situations comiques.

Car le vaudeville, répétons-le, est une forme théâtrale qui cherche à plaire en faisant rire par tous les moyens : situations, personnages, dialogues, tout y contribue. Pur, il se déroule dans une atmosphère de divertissement qui a persisté au travers des modifications du genre. Mais, en exagérant le saugrenu trouvé chez Labiche, tant dans l'exploitation du mouvement et du comique de situation que dans la mécanisation des personnages, le vaudeville à la Feydeau renouvelle en définitive la structure de la forme dramatique traditionnelle. Pour M. Beigbeder, il définit dorénavant un type particulier de théâtralité, celui de la « théâtralité mécanisée » (*Le Théâtre en France depuis la Libération,* Bordas, Paris, 1959).

Dans le prolongement du vaudeville : la comédie de Boulevard

La Première Guerre mondiale n'allait pas, contrairement à ce que l'on aurait pu penser, sonner le glas du vaudeville, que L. Schneider avait proclamé « bien usé » en 1913. En réalité le vaudeville a survécu dans la première moitié du XXe siècle, bien qu'il ne l'ait fait qu'en annexant la comédie d'intrigue et de mœurs, voire de caractère, du théâtre de Boulevard. Comme l'écrit M. Corvin, il a alors « gagn[é] en sérieux satirique ce qu'il perd[ait] en gratuité mécanique, en interventions d'auteur ce qu'il perd[ait] en application quasiment anonyme de recettes éprouvées » (*op. cit.,* p. 30). Il s'est enrichi, mais cet enrichissement a aussi été une altération du modèle en même temps qu'un retour à une tendance ancienne.

❐ *À mi-chemin de la comédie de mœurs et de caractère.* Toujours une pièce « bien faite » selon des normes post-classiques, le vaudeville a perdu en effet de sa qualité technique : les intrigues, plus simples et moins rigoureusement construites, se ramènent bien souvent à une succession de sketches et de gags, qui exploitent le sens de l'effet. La « scène à faire », ce tout dans le grand tout, l'emporte sur la logique du « bien fait » de la pièce elle-même.

Tristan Bernard reste néanmoins proche de la formule originale, avec les amusants quiproquos et la fantaisie verbale de *L'Anglais tel qu'on le parle* (1899) et de ses *Jumeaux de Brighton* (1908), variante sur les *Ménechmes* de Plaute. De même, dans les années 1930, Jean de Letraz reprend dans une pièce comme *Bichon* (1935) la traditionnelle histoire d'amours contrariées et les vieilles ficelles à la Feydeau de cascades, de quiproquos et de rencontres intempestives, et continue de cultiver l'esthétique de la surprise essentielle au vaudeville. À qui est en définitive le bébé appelé Bichon : au fils ? à la fille ? ou à l'associé du père ? Ce genre de pièce, qui privilégie le savoir-faire et le métier du dramaturge, risque fort de tomber dans la facilité et la répétition mécanique des mêmes formules.

Or, à côté, combien d'autres auteurs, se contentant de successions de scènes amusantes et animées, y greffent de fines analyses de sentiments ou des observations satiriques et morales qui permettent d'étoffer le simple fonctionnement mécanique de l'intrigue. *Les Vignes du Seigneur* (1923) de De Flers et Caillavet, tout en reposant sur un quiproquo, touche au tableau social par la peinture de femmes vivant en situation « irrégulière ». Tableaux de mœurs également ces pièces de Deval consacrées à la caricature du monde bourgeois et doublées d'études de caractère (comme *Étienne*, 1930, ou *Mademoiselle*, 1932), ou celles de Savoir, qui dénoncent les tares d'une société corrompue. Chaque dramaturge les peint à sa manière, avec son mélange propre de fantaisie et de satire, de rire et de cruauté.

Toutefois, conséquence de l'évolution des mœurs, la galerie habituelle des personnages « Belle Époque » s'est enrichie. Si l'on y retrouve bien, la plupart du temps, le ménage à trois, le trio vaudevillesque bourgeois avec son érotisme plus ou moins trouble, de nouveaux types sociaux ont fait leur apparition, notamment dans les rôles féminins. *Mademoiselle* trace ainsi le portrait de la jeune file moderne, libérée et sportive, la « garçonne », tandis qu'ailleurs c'est une princesse russe émigrée, devenue domestique d'un politicien parvenu (*Tovaritch*, de Deval, 1934). Soucieux de modernisme, les auteurs introduisent aussi des métiers nouveaux, tels ceux de journaliste ou de pilote (*Banco*, de Savoir, 1922 ; *Vol nuptial*, de

Croisset, 1933), et se font l'écho des problèmes contemporains, des techniques récentes et des dernières modes. Mais il ne s'agit, bien souvent, que de replâtrer de vieilles formules selon le goût du jour. En effet, dans ce cadre prétendument réaliste, sentiments et comportements restent de convention. Et ce sont justement ces sentiments et ces comportements de convention qui font le succès des pièces.

Ces pièces ont gardé du vaudeville l'animation du dialogue, le tour vif et piquant des répliques où fuse l'esprit. Théâtre de mots et de « mots », les comédies de situations et d'intrigue du Boulevard, mâtinées ou non d'intentions sociales et satiriques, sont des pièces gaies qui visent toujours en priorité le plaisir du public. Plaisir fait d'attente satisfaite et de reconnaissance, car derrière l'imprévu des situations se cache le connu de schémas éculés. L'imprévu est, à la limite, toujours prévisible.

❐ *Un retour à la tradition vaudevillesque.* L'accentuation de la réhabilitation intellectuelle commencée dans les années 1930 des anciens vaudevilles de Labiche et de Feydeau, en qui l'on se plaît à voir des précurseurs du théâtre surréaliste (comme on y verra plus tard les devanciers du théâtre de l'absurde), explique peut-être le retour du vaudeville, après la période de léthargie qui suit la Seconde Guerre mondiale, à un pur comique de situation. À partir des années 60, on assiste ainsi à la production de pièces qui, sans prétendre aucunement au tableau de mœurs ou à l'étude de caractère, reprennent le thème rebattu de la variation autour du lit et son jeu de portes et de placards. Il est possible également que l'épuisement de la référence satirique aux mœurs bourgeoises et le discrédit d'un théâtre miroir de la réalité dans la pensée dramatique de l'après-guerre aient contribué à ce regain d'une comédie de jeu mécanique des événements. Enfin, le succès d'adaptations françaises d'œuvres anglo-saxonnes proches du vaudeville, et notamment de certaines des pièces d'Alan Ayckbourne et de Ray Cooney, a pu de surcroît régénérer la tradition par l'apport d'une dramaturgie du quiproquo et du mouvement, étayée par un style scénique particulier qui met le personnage au service du comédien-vedette.

Redécouvertes, les situations et intrigues traditionnelles du vaudeville sont néanmoins rajeunies. *Boeing-Boeing* (1960), de Marc Camoletti, modernise ainsi son sujet en basant la mécanique à la Feydeau de son intrigue sur les contraintes horaires de trois hôtesses de l'air, maîtresses du protagoniste. Mécanique parfaitement huilée et fiable que cette situation domestique d'« allées et venues organisées, réglées, mathématiques, puisque les horaires sont faits par des polytechniciens. La terre tourne et mes femmes tournent, tout autour ! Aucun imprévu, aucune surprise ! » ; « Tout est réglé comme du papier à musique ». Or, là aussi, un fait imprévu vient bouleverser ce bel agencement, à savoir le retour inopiné de deux des jeunes femmes à la suite d'un changement du temps et de nouvelles affectations, et fuites éperdues, cachettes et rencontres intempestives de se produire alors dans un grand claquement de portes. Retour aux sources également que l'autre grand succès de ces dernières années, *La Cage aux folles* (1973), de Jean Poiret, avec ces situations invraisemblables, ces cascades de quiproquos et de péripéties à n'en plus finir. Tout tient, là, à un mensonge initial, qui menace sans cesse d'éclater, la façade de respectabilité et de normalité qu'ont élevée Poiret et Serrault, deux travestis tenanciers d'une boîte pour homosexuels, pour pouvoir jouer aux parents modèles devant les futurs beaux-parents du fils de Poiret.

Comme dans le grand vaudeville de la fin du XIXe siècle, l'intérêt dramatique repose sur la façon dont le héros, en parfait équilibriste, doit faire face aux multiples péripéties d'une intrigue dont le rythme de progression s'emballe, et passer son temps à redresser des situations en apparence sans remède. Or l'adresse du protagoniste à sauver les causes perdues est en fait celle de l'acteur à moduler son jeu et à exploiter toutes les facettes de son talent. Le vaudeville contemporain a tendance à accorder une place élargie à ce personnage central de l'intrigue, cet acteur-vedette pour qui la pièce est en définitive écrite, que le public connaît d'avance et dont il vient retrouver les tics, les mines et les manies. Plus que le mouvement et le bruit, ce qui caractérise le vaudeville contemporain, c'est la primauté accordée au jeu du comédien.

En outre, signe du regain de popularité du genre, nombre de comédies de mœurs ont recours, depuis la dernière guerre, et cela sans être à proprement parler des vaudevilles, à des procédés vaudevillesques pour pimenter leurs intrigues. Citons André Roussin, dont *La Petite Hutte* (1947) est une variation sur les tribulations du trio classique, mais aussi Marcel Aymé et Jean Anouilh, tous deux représentants de cette « théâtralité mécanisée » perfectionnée par Feydeau. Avec son histoire de jumeaux se ressemblant comme deux gouttes d'eau, Anouilh n'hésite pas, dans *L'Invitation au château* (1947), à exploiter toutes les ressources du quiproquo et de l'erreur. Quant à son *Bal des voleurs* (1941), histoire farfelue de malfaiteurs incompétents qui se prennent eux-mêmes pour cibles et que berne la vieille dame facétieuse qu'ils cherchent à dévaliser, il aboutit à une mécanisation des effets qui frise la parodie.

À l'instar d'Anouilh, certains auteurs contemporains ne vont recourir à ces procédés que pour en démonter au fond le mécanisme dans un moment de retour sur leur fonctionnement, et pour s'en distancer. Ainsi, dans un clin d'œil complice à son public, Françoise Dorin choisit-elle d'enfermer dans une armoire l'un des protagonistes de son *Tournant* (1973), juste punition pour un intellectuel de gauche, auteur d'avant-garde qui, comme ses pareils, méprise vaudeville et Boulevard. Placard et caleçonnade servent ici à l'établissement d'un Boulevard au second degré, vaudeville conscient de lui-même et de ses ficelles, et fort de l'appui de son public.

Reprises d'œuvres anciennes, adaptations d'œuvres étrangères, créations à succès de nouvelles pièces, présence de procédés vaudevillesques dans des comédies plus ambitieuses, tout cela témoigne de la vigueur contemporaine d'un genre qui a survécu à toutes les critiques, à tous les bouleversements de son contexte socio-culturel. Cela tiendrait-il à ce que le vaudeville, sous ses diverses formes, est à l'écoute de l'actualité et de ses fluctuations, et plus encore à ce besoin inné, invariable, et sans distinction de classe, du public de se divertir et de rire sans retenue, sans arrière-pensée ? Plus que la farce ou une forme de théâtre politique à la Brecht, ne serait-ce pas là le véritable genre « populaire » ?

TEXTE

■ Du mouvement et de la péripétie

La notion de mouvement, importante dans le théâtre comique en général, devient capitale dans le cas particulier du vaudeville. Et rien ne concourt davantage à alimenter ce mouvement que les péripéties en cascade autour desquelles s'articulent les pièces de Feydeau et qui semblent avoir pour but primordial d'entraîner le protagoniste dans le plus grand nombre possible de mésaventures.

Il convient maintenant d'examiner *les caractères essentiels de la péripétie* chez Feydeau. Le premier consiste dans la violence extrême des effets d'opposition qu'elle comporte. Certes, toute péripétie repose sur le contraste entre un certain état de la situation dramatique à un moment donné de l'intrigue et l'état qui le suit immédiatement : la surprise qui en résulte est alors une source de comique particulièrement efficace. Mais Feydeau qui a bien saisi le fonctionnement de ce mécanisme s'est efforcé de l'améliorer en accentuant encore les effets d'opposition. D'où la prédilection de l'auteur pour les coups de théâtre issus des rencontres intempestives : l'action de la pièce y prend des virages particulièrement brutaux qui donnent à l'effet sa portée maxima.

Dans la même perspective, Feydeau a multiplié les péripéties à l'occasion desquelles la situation se transforme en son exact contraire. Si par exemple un personnage joue tel ou tel mauvais tour à autrui, le coup de théâtre le montrera subissant aussitôt un sort identique à celui qu'il infligeait naguère aux autres : c'est la vieille histoire toujours actuelle et toujours drôle du « voleur volé » souvent résumée par le dicton : « tel est pris qui croyait prendre ». [...]

Mais la péripétie est plus frappante encore lorsqu'il s'agit de *deux* personnages dont les situations s'intervertissent. [...] C'est d'ailleurs parfois quatre personnages – et non plus deux – dont une péripétie va intervertir les situations. Pinglet et madame Paillardin sont surpris par une descente de police à *L'Hôtel du Libre-Échange* : or chacun des deux coupables ayant fourni au commissaire le nom de son conjoint, c'est madame Pinglet et monsieur Paillardin qui se voient finalement convoqués par le magistrat et accusés d'adultère.

Le second caractère essentiel qui marque les péripéties chez Feydeau est l'implacable rigueur logique qui préside à leur enchaînement. Si l'action de ses pièces semble souvent [...] dominée par une sorte de fatalité, cela est dû pour une grande part à l'extrême cohérence qui lie les uns aux autres les divers coups de théâtre qui l'animent. Ils s'engendrent avec une telle nécessité que leurs victimes semblent frappées par un destin inéluctable.

Ainsi lorsque Champignol, que tout le monde prend pour Saint-Florimond, se trouve renvoyé par trois fois chez le coiffeur de la caserne qui finit par le raser complètement : traitement qui vaudra à la victime une sanction disciplinaire ! Si l'on examine tout cet épisode de près, que l'on scrute les détails de son déroulement, on cherchera en vain une faille dans la liaison des péripéties. Elle est d'une extrême cohérence malgré la complexité des faits : les méprises des personnages, la chronologie de leurs interventions et l'entrecroisement de leurs allées et venues, les lois de la discipline et de la hiérarchie militaire avec les conséquences précises qu'elles comportent, tout semble avoir été méticuleusement combiné pour désarmer les objections des partisans les plus exigeants de la vraisemblance dramaturgique. [...] « Tout, chez lui, est réglé avec la précision mathématique d'un rouage d'horlogerie... » remarque Sarcey. Cette image obtiendra un si vif succès qu'elle deviendra un cliché agaçant. Elle n'en traduit pas moins une réalité indubitable. C'est d'ailleurs de cette rigueur géométrique dans la liaison des péripéties que découle la difficulté, signalée par maint critique, de raconter une pièce de Feydeau : « On oublie toujours quelque chose... » observait Adolphe Brisson. De fait, rien n'y est superflu, rien n'est hors de propos. Le moindre détail a sa fonction dans un ensemble minutieusement ajusté et où tout est explicable.

In : Henri Gidel, *Le Théâtre de Georges Feydeau,*
éditions Klincksieck, Paris, 1979, pp. 147-149.

6

La comédie du langage

En voyant dans la comédie (et la tragédie) une imitation par le langage de la réalité extérieure, l'esthétique théâtrale classique et post-classique affirmait, à la suite d'Aristote, le primat du texte et, qui plus est, du texte littéraire. Exemple de style « familier » et « moyen », à mi-chemin du sublime de la tragédie et de la grossièreté de la farce (voir chap. 3), la langue comique restait néanmoins un exemple de « beau langage » par la retenue de son ton, l'élégance de sa formulation et ses ornements stylistiques.

D'autre part, la primauté accordée au texte dans l'expression dramatique, avec tout ce que cela supposait de philosophie optimiste du langage, de respect et de confiance en ses pouvoirs d'appréhension et de représentation du réel, tendait à minimiser le rôle de la mise en scène et du jeu des acteurs, nécessairement subordonnés à la parole dans une hiérarchie rigide des constituants théâtraux. La comédie était essentiellement un texte dialogué, où tout était exprimé par le biais d'une conversation de bon ton. Comme l'a constaté au XVIIe siècle l'un des grands théoriciens du théâtre classique, l'abbé d'Aubignac :

> [...] les Actions ne sont que dans l'imagination du Spectateur, à qui le Poëte par adresse les fait concevoir comme visibles, & cependant il n'y a rien de sensible que le discours ; [...] car on n'y voit faire aucune action, le discours seul nous donnant toute la connoissance & le divertissement de la Piéce [...].
> *(La Pratique du théâtre, 1657).*

De là à survaloriser encore l'importance du langage et à orienter la comédie vers une conception purement verbale, faite d'un plaisir évident dans l'exploitation des possibilités du langage, il n'y avait qu'un pas qu'ont franchi dans l'histoire de la comédie des auteurs aussi différents que Musset, Giraudoux, Audiberti ou Schéhadé. Tour à tour précieuse, lyrique ou badine, pleine d'humour ou de fantaisie, et brisant parfois le moule linguistique habituel dans un effort pour atteindre à l'ineffable, cette langue véritablement « poétique » concentre à elle seule tout l'intérêt d'une « comédie du langage ». À tel point que Giraudoux a pu écrire dans *Le Metteur en scène* :

> Le vrai coup de théâtre n'est pas pour lui [le Français] la clameur de deux cents figurants, mais la nuance ironique, le subjonctif imparfait ou la litote qu'assume une phrase du héros ou de l'héroïne. [...] c'est le pouvoir de ce dialogue, son efficacité, sa forme, donc les mérites purement littéraires du texte, qu'il aime éprouver [...]. (*in : Littérature*, 1941).

Or cette survalorisation du langage risque de conduire à un appauvrissement dramatique et psychologique de l'œuvre. À la limite il ne s'agira plus de dire, d'expliquer quoi que ce soit, mais de parler, de faire entendre une voix désincarnée, proche de l'expression musicale par son timbre et ses modulations. La comédie ne sera plus dialogue dramatique, mais « poème à jouer ». Cas extrême, mais représentatif d'une tendance du théâtre contemporain.

Le théâtre de l'amour et de la jeunesse de Corneille à Musset

De Corneille à Musset, la comédie du langage s'est appuyée sur les structures traditionnelles de la comédie classique (voir chap. 3) pour peindre un monde où la conversation circonscrit les rapports entre les êtres. Joints à l'élégance raffinée des manières, le badinage léger du ton et les subtilités de l'expression y sont un mode de découverte de la vie du cœur car, derrière le masque de la sociabilité et de la galanterie, finit par transparaître le vrai visage des protagonistes. Lointain descendant de Térence, ce théâtre de l'amour et de la jeunesse allie sans cesse sensibilité et détachement, émotion contenue et ironie fine, en cherchant à établir une complicité amusée avec un public qu'il convient avant tout de charmer.

❒ *« Une peinture de la conversation des honnêtes gens ».* Dès 1660, Corneille a défini dans l'examen de *Mélite* l'idéal d'un type de comédie épurée, également opposée au schéma dramatique mouvementé des imbroglios à l'italienne et à l'utilisation de personnages ridicules et typés, pour privilégier en revanche la peinture tout en nuances d'émois sentimentaux. Mais ce qui fait aussi l'originalité de ses comédies, c'est l'élégance et le charme de leur dialogue spirituel, adapté dans un souci de « réalisme » et de vraisemblance aux personnages et aux situations :

La nouveauté de ce genre de Comédie, dont il n'y a point d'exemple en aucune Langue, et le style naïf, qui faisait une peinture de la conversation des honnêtes gens, furent sans doute cause de ce bonheur surprenant. (« Examen », *Mélite*).

En orientant ainsi la comédie vers une plus fidèle représentation du réel, Corneille instaurait une langue qui, bien qu'en vers, se voulait simple, spontanée et familière, aussi éloignée que possible du discours oratoire relevé qui avait jusque-là été la règle au théâtre. À ce registre familier de la nouvelle parole comique, caractérisé par l'absence relative d'ornements stylistiques nobles et l'utilisation en revanche d'images pittoresques et de tours expressifs du parler quotidien, s'ajoutaient la personnalisation et la contextualisation des propos, échangés désormais dans le cadre d'un dialogue véritable. Et ce dialogue, c'était celui de la conversation détendue et enjouée, piquante et spirituelle, d'un milieu mondain oisif et raffiné, pour lequel la conversation était un art de vivre.

Enfin, autre nouveauté, Corneille a cherché également à marquer le caractère émotionnel de ce discours par le choix de structures et d'un lexique appropriés, capables de suggérer l'épaisseur psychologique et la vie affective intérieure des personnages. Raffinant sur l'expression de l'amour, ses premières comédies présentent une analyse subtilisée du sentiment lui-même, qui témoigne de l'influence du mouvement précieux. Tous également jeunes, beaux, élégants et spirituels, les amoureux de ces comédies dissertent sur la nature du sentiment qui les porte l'un vers l'autre, se méprennent sur le sens d'un mot, d'un regard, d'un geste, et se prennent au sérieux, sinon au tragique, sous l'œil détaché de l'auteur qui invite le spectateur à sourire de leurs égarements et à refuser ainsi le piège de l'émotion. Car le drame du doute et de la souffrance n'est jamais qu'une fausse lecture de la réalité, la tentation, pour les protagonistes, de se laisser prendre au miroir des apparences.

Cette facture particulière des comédies de Corneille, comédies de l'amour, mais aussi comédies du langage, où l'enjouement du ton et le lyrisme de l'expression le disputent à l'ingéniosité de l'analyse du sentiment, allait trouver en Marivaux, un siècle plus tard, un fidèle interprète.

❒ *Être, aimer et marivauder.* En effet, Marivaux devait voir dans le style d'une langue comique, conjuguant la recherche du mode de la conversation et du naturel du langage parlé avec les tours du langage d'émotions, l'instrument d'une étude du mécanisme humain de connaissance de soi par l'expérience du sentiment. Communément appelée « marivaudage », cette langue définit en apparence un ton vif et gai, « manège de galanterie délicate et recherchée » où jaillit l'esprit *(Petit Robert)*. Pointes, jeux de mots, rapprochements inattendus rythment ainsi le cours d'un dialogue fin, qui vise néanmoins à donner avant tout l'impression de naturel et de gratuité du langage parlé. Comme l'affirme Marivaux dans la préface des *Serments indiscrets* (1732) : « c'est la nature, c'est le ton de la conversation en général que j'ai tâché de prendre. »

Cette intention de l'auteur se manifeste tout d'abord dans l'utilisation de répliques courtes et vives qui donnent au dialogue son allure « coupée », bien que les phrases aient tendance à s'allonger et les répliques à tourner à la tirade sous le coup de l'émotion. La manière de les enchaîner, avec ces reprises fréquentes de mots qui assurent la progression du dialogue par simple écho phonique, voire par liaison thématique – car, pour Marmontel, « C'est sur le mot qu'on réplique, et non sur la chose » (Marmontel, *Éléments de littérature,* 1787) – , semble laisser au hasard et à la libre improvisation des personnages la tournure de l'entretien et le déroulement de la scène. Ainsi, dans *La Surprise de l'amour* (1722), la discussion initiale sur le mariage de leurs serviteurs respectifs, ostensiblement le motif de la rencontre, bute sur un mot et tourne court, comme les deux protagonistes se lancent dans une joute verbale au cours totalement imprévisible. Loin d'être la manifestation du progrès prédéterminé de l'action, les paroles et leur association fortuite forment la matière même de l'action, qu'elles déterminent en créant des situations auxquelles réagissent alors les personnages. Le dialogue assume chez Marivaux un rôle proprement dramatique de moteur de l'intrigue, dont il constitue la trame formelle – rôle ailleurs dévolu, rappelons-le, à une combinaison de circonstances et d'incidents le plus souvent extérieurs, qui viennent faire obstacle aux desseins du protagoniste.

Ayant toute la gratuité de la conversation orale, le dialogue cherche d'un autre côté à en reproduire le naturel, combinant pour cela la simplicité et la brièveté des constructions à divers procédés d'inorganisation syntaxique, comme la parataxe et l'ellipse, que renforcent toutes sortes d'interjections, simples appuis du discours ou effets syntaxiques et lexicaux voulus d'affectivité. En effet ce langage parlé est aussi un langage d'émotions, et le rythme heurté du dialogue traduit tout autant le mouvement intérieur de la passion qui se cherche, que la spontanéité de la conversation quotidienne.

Affleurement à la conscience du cheminement obscur des sentiments, qu'ils contribuent à concrétiser en leur donnant une formulation et une forme (comme dans *Arlequin poli par l'amour*, 1720, où le protagoniste découvre à la fois le sens du verbe « aimer » et l'existence en lui du sentiment), les mots sont riches de sous-entendus. Leur valeur vient de ce qu'ils laissent deviner de cette réalité inconsciente qui se dérobe sous le code linguistique habituel de la conversation mondaine. Car la langue sociale, ce mélange de ton « familier noble » (Marmontel, *op. cit.*) et de subtilité de l'expression, n'est qu'un artifice que l'amour-propre fait cultiver au moi pour sa défense et sa protection. Elle est le masque que le moi social fait porter à l'être intime, la mesure de l'écart entre la *persona* et la personne.

D'où l'importance, pour les protagonistes, à la fois d'interpréter correctement les paroles prononcées et de pousser les autres à l'aveu non déguisé et décisif en les forçant à exprimer en une langue simple et naïve des sentiments qui ne s'habillent du jargon de la galanterie que pour mieux s'ignorer et en imposer à autrui. À la politesse trompeuse doit succéder la sincérité, et aux équivoques d'un langage de conventions la langue du cœur (ce langage « tout uni » qu'Hortense oppose aux « tons si sots » du *Petit-Maître corrigé*, 1734). Dans son progrès vers un mode d'expression naturelle, le langage guide les protagonistes vers la transparence à soi-même comme aux autres.

À sa fonction dramatique le langage allie donc un rôle psychologique et moral. Aussi le marivaudage n'est-il, selon sa dernière définition, « pas tant le secret d'un style que l'intuition du rôle joué par le langage dans le drame et dans la vie » *(*F. Delloffre, *Marivaux et le marivaudage,* 1955, p. 216). Dans les rapports entre les protagonistes, il intervient véritablement en tiers, fonctionnant d'abord comme obstacle dans l'entretien et la communication affective, puis comme adjuvant lorsqu'il s'agit d'aider les protagonistes dans leur mise au point sur eux-mêmes. C'est en ce sens que les comédies de l'amour de Marivaux sont aussi des comédies du langage.

❑ *Charme et fantaisie : les « comédies et proverbes » de Musset.* L'idée d'un dialogue vif et enlevé, rompu aux finesses de l'expression du sentiment amoureux, allait marquer également les conceptions dramatiques du jeune Musset. Plusieurs de ses comédies appellent en effet la comparaison avec Marivaux, sinon avec Corneille, par la vivacité, l'apparente spontanéité et aussi l'aisance d'un style qui emprunte au registre d'une conversation mondaine plus brillante encore que chez ses prédécesseurs. Car ici on « badine », on fait des mots d'esprit, on cherche à plaire par la façon imprévue, pittoresque, de dire les choses. Ici abondent les comparaisons et les métaphores marquées de couleur romantique, se multiplient les traits expressifs, sans que l'auteur s'écarte toutefois de la mesure et du bon goût pour tomber dans l'excentricité. Harmonieuse, cadencée, proche parfois du mouvement de l'alexandrin, la prose de Musset joue également des effets de symétrie (dans la structure des répliques, les constructions grammaticales, le choix du vocabulaire, etc.) pour donner au discours le rythme d'un ballet léger.

Cette poésie indéfinissable du style, et le ton alternativement railleur et sentimental du texte servent de véhicule, dans des comédies comme *À quoi rêvent les jeunes filles* (1832) et *Il ne faut jurer de rien* (1836), à la peinture sensible et délicate d'une intrigue d'amour naissant. Des êtres jeunes et charmants y découvrent les premiers émois de l'amour et s'acheminent vers un bonheur dont ne les séparent momentanément, non pas l'autorité sévère d'un parent, mais quelques légers malentendus vite dissipés. Sans grande consistance, mais pleins de grâce et de fraîcheur, les personnages sont un peu comme ces marionnettes de Picard (voir chap. 5) que la volonté de l'auteur, qui les manipule en s'en jouant, conduit à un dénouement heureux et certain. L'intrigue en fait compte peu, comme la psychologie des personnages, sans épaisseur, qui valent surtout par la nature du sentiment qu'ils incarnent.

Ailleurs le ton de badinage élégant et mondain recouvre la profondeur d'un sentiment véritable, comme dans *Il faut qu'une porte soit ouverte ou fermée* (1845), où le protagoniste ne sait se résoudre à formuler clairement sa déclaration d'amour et sa demande en mariage à une marquise, à moins qu'il ne s'agisse de l'émotion facile et superficielle d'un flirt de salon, semblable à celle que ressent Chavigny pour l'amie de sa femme dans *Un Caprice* (1837). Mais là aussi les personnages, surtout masculins, ne sont que l'incarnation des différentes formes de l'amour, de ses surprises, ses désirs, ses rêves, ses malentendus, ses souffrances même.

À peine esquissée, la peinture des choses de l'amour s'estompe alors devant l'éclat du dialogue brillant et fin, auquel les personnages se contentent en définitive de prêter leur voix. Cela est surtout vrai des courtes comédies en un acte intitulées « proverbe » qui, fidèles à l'esprit d'un genre hérité du XVIIIe siècle et illustré par Carmontelle et Collé, reproduisent une tranche de la conversation de salon, où, roulant sur des riens, le dialogue concourt à illustrer un proverbe que le spectateur doit deviner et dont la clé est donnée à la fin. Petits croquis des mœurs amoureuses, ces pièces combinent le poli des manières et l'aisance raffinée du discours pour évoquer le laisser-aller des mœurs d'une société où le vice est présenté comme léger et aimable.

Tout en nuances, ces comédies au style parfois alambiqué donnent libre cours à l'imagination du lecteur, d'autant plus que Musset ne respecte que de manière fort lâche le système de conventions dramatiques hérité du classicisme. Lieu et époque sont mal définis (la scène d'*À quoi rêvent les*

jeunes filles est ainsi « où l'on voudra »), et les pièces morcellent la continuité temporelle de leurs actes, comme elles multiplient à l'envi les décors.
On passe alternativement d'une chambre à un salon, et d'un salon à un
parc dont on parcourt allées, clairières et charmilles dans une atmosphère
souvent évocatrice des toiles de Watteau. Seule l'unité d'action est respec-
tée, et le semblant d'intrigue se déroule selon une structure classique d'exposition, nœud et dénouement, mais avec une indifférence telle aux lois de
la logique et de la vraisemblance qu'il s'en dégage surtout une impression
de fantaisie et d'irréalité.

D'autre part Musset ne s'en tient pas à un modèle dramatique unique,
mais multiplie bien plutôt les schémas de ses pièces. Éditées sous le titre de
Comédies et proverbes en 1840, elles vont des drames que sont *Les
Caprices de Marianne* et *On ne badine pas avec l'amour* aux comédies
« humoristiques » (l'expression est de P. Voltz, *op. cit.,* p. 140) d'*Il ne faut
jurer de rien* et d'*À quoi rêvent les jeunes filles*, en passant par le théâtre de
société des proverbes. Si certaines mêlent le comique mécanisé de la caricature à la tristesse et à l'amertume (voir chap. 4), la plupart font sourire
par l'humour et l'ironie légère de leur présentation des personnages, bien
dans la lignée du modèle cornélien et marivaudien.

Dans le prolongement du symbolisme : la comédie du surnaturel

Ce genre de comédie, à la fois fantaisiste et poétique, où la peinture de
l'amour passe par le badinage léger de la conversation mondaine, a disparu
avec Musset. D'ailleurs le goût du public de l'époque, qui ne s'est
détourné du drame romantique que pour se porter sur le mélodrame et la
comédie sérieuse (voir chap. 4) ou le vaudeville (voir chap. 5), n'a pas su
véritablement l'apprécier. *La Nuit vénitienne* (1830) a été un échec, et les
autres pièces de Musset n'ont pu être jouées de son vivant que tardivement
et considérablement remaniées. De plus, sous l'emprise du public bourgeois, que confortent la censure et la critique sous le Second Empire, la
comédie s'est écartée des valeurs littéraires pour promouvoir un type de
pièce commercial, vivant de formules toutes faites. Ce n'est qu'avec le
retour des poètes à la scène en pleine époque symboliste que la comédie a
pu retrouver, dans les années 1920, le chemin d'un théâtre « poétique », à
la fois affranchi de la tyrannie du réalisme et du réel, et ouvert au mystère
et au surnaturel.

Car, idéaliste, la comédie poétique est à bien des égards la transposition sur un mode fantaisiste des thèmes essentiels du drame symboliste. Comme lui, elle cherche à échapper à la trivialité du quotidien en y voyant le masque du mystère, et à relier l'humain au divin en montrant dans l'homme et les choses d'ici-bas le reflet d'un monde d'essences transcendantes. Comme lui, elle s'organise autour d'un échange, d'un va-et-vient perpétuel entre ces deux plans de réalité, dont le premier effet est de détruire l'illusion théâtrale. Souvent situées hors de l'espace et du temps concrets, ses intrigues fantaisistes mettent en scène des personnages irréels, sans intériorité ni consistance, mais symboliques de sentiments ou d'idées abstraites, qui relèvent eux aussi de l'esthétique de la marionnette et dont le jeu des acteurs doit accentuer encore l'irréalité. La comédie poétique voit en effet dans la stylisation du jeu comme du décor une façon de s'arracher aux déterminations conventionnelles et de concentrer l'intérêt sur un langage imagé et lyrique, à l'opposé de la langue de tous les jours. Moyen d'expression essentiel, la parole se suffit à elle seule. Mais ce langage-roi ne bouscule les structures traditionnelles du théâtre et du réel que pour créer un univers autre, écho du monde intérieur du poète, intuition de la quintessence de la réalité.

❒ **Humour et féerie.** Des poètes comme Claudel et Supervielle ont montré la voie dans de charmantes petites comédies mythologiques ou féeriques, comme *Protée* (1914/1927) ou *L'Ours et la Lune* (1927) pour l'un, et *La Belle au bois* (1932) pour l'autre. Supervielle est d'ailleurs revenu à ce type de comédie, en 1952, avec *Robinson*. Le jeu irrespectueux et amusé avec la légende, sur fond d'effets de construction et de destruction de l'illusion théâtrale au moyen, entre autres, d'anachronismes plaisants et de contaminations entre diverses légendes, mêle lyrisme, symbolisme du rêve et réalité familière pour suggérer la présence d'un au-delà mystique, ou fait fi des exigences de la logique quotidienne pour construire un univers surréaliste. Le comique y prend alors les formes variées de la parodie humoristique, de la fantaisie irrationnelle, voire du rire facile de la farce qui, dans l'exploitation commune de l'inattendu et du décalage des tons, réduisent les personnages au statut d'êtres de papier, croquis burlesques à peine esquissés.

❒ **Giraudoux, ou la comédie de l'univers truqué.** Moins novateur toutefois dans ses formules, Giraudoux n'en a pas moins adopté une technique de jeu semblable en traitant l'intrusion de l'irréel dans ses pièces comme s'il s'agissait de la plus vraisemblable des réalités. Or ses intrigues, soigneusement, pour ne pas dire ingénieusement bâties, sont au demeurant à peine crédibles ; car comment prendre au sérieux les faits et gestes du spectre d'*Intermezzo* (1933), dont les apparitions bouleversent la vie tranquille d'une petite communauté provinciale, ou les pouvoirs d'*Ondine* (1939), signes de cette intrusion du merveilleux dans la vie de tous les jours ? La comédie se meut sur plusieurs plans, qui se mêlent et s'imbriquent sans se confondre jamais : la réalité quotidienne y est l'envers du surnaturel, mais cette irréalité n'est qu'apparente, car elle est en fait une ouverture sur une réalité plus profonde, celle du for intérieur d'un être idéal, n'obéissant qu'à sa nature propre et libre de toute détermination extérieure. Ainsi s'explique l'impression ressentie par le spectateur d'avoir affaire à un univers truqué, fait d'analogies et de correspondances, et où un plan d'existence en cache toujours un autre.

Les personnages, que cette poétisation du réel prive de psychologie individuelle, se présentent alors comme des allégories d'attitudes humaines face aux problèmes de l'existence (comme la guerre ou la paix dans *La Guerre de Troie n'aura pas lieu*, 1935), voire face à l'existence elle-même, aux rapports de l'humain et du surnaturel. Tel est notamment le sujet d'*Intermezzo*. Leurs conflits sont ceux de forces universelles ou des grands thèmes de notre histoire. Réagissant par ailleurs aux situations plus avec leur intelligence qu'avec leur sensibilité, les personnages apparaissent surtout comme des êtres de mots, dont le rôle se ramène à l'expression d'un dire. D'où le caractère souvent statique, antidramatique même des pièces, qu'accentue encore le recours fréquent aux procédés classiques de la tirade et du monologue. Ainsi que Giraudoux s'en est expliqué dans *Le Metteur en scène*, elles reposent sur une conception de l'action théâtrale, non comme mouvement et agitation frénétique de personnages, mais comme résolution par le dialogue de conflits avant tout personnels.

C'est dans la qualité de leur expression poétique que réside en définitive leur intérêt majeur, fable et personnages ne pouvant que pâlir devant le brillant de cette langue raffinée et souvent qualifiée de précieuse, qui n'est au fond qu'un prétexte au développement verbal des thèmes et au jaillissement de l'esprit de l'auteur. Par l'ironie, la marque la plus fréquente de ce refus de ce qui pourrait être tragique, se noue ainsi un lien de connivence entre Giraudoux et le spectateur, qui ne peut s'affirmer qu'aux dépens des personnages.

Or son théâtre est plus qu'un simple théâtre du langage, fût-il poétique. Il est véritablement, comme l'a fait remarquer J. Guicharnaud, un théâtre de la « confiance dans l'humaine logique du langage comme instrument de représentation de l'univers », un théâtre aussi de la croyance au pouvoir et à la magie des mots, capables d'ordonner l'univers, soit parce qu'« il[s] défini[ssent] les situations d'une manière intelligible », soit parce qu'« il[s] infléchi[ssent] le cours des événements dans une direction donnée » (*op. cit.,* p. 23).

❐ **Schéhadé et la poésie de l'ineffable.** Aux féeries parodiques des poètes, à la préciosité de l'univers analogique de Giraudoux, Schéhadé a opposé le charme d'une langue richement imagée et suggestive pour tenter d'atteindre et de dire, en renouvelant au besoin les modes d'expression, une réalité préexistante, mais incommunicable par le langage ordinaire. C'est donc naturellement par une libération du vocabulaire de ses contraintes sémantiques usuelles que va passer tout d'abord l'art de la suggestion. Il est significatif à cet égard que le livre intitulé *Le Jet d'eau grammatical* que lit Argengeorge, dans *La Soirée des proverbes* (1954), soit justement un traité sur « l'émancipation des mots ». C'est que, « Depuis le temps qu'on les marie, à l'église ou à la mairie, à la plume ou au crayon, ils [les mots] aspirent à plus de conscience, à la vie heureuse des oiseaux et des lions ». Au poète alors de leur donner de nouvelles significations et, partant, cette nouvelle vie tant attendue. Et Schéhadé de retrouver les pouvoirs incantatoires de la poésie et la croyance en ses vertus salvatrices pour chanter sur le mode mineur le mystère du monde, l'existence d'une réalité plus haute dont tout dans la pièce n'est qu'approximation. Car c'est intuitivement que la vérité doit être appréhendée, et non discursivement par les catégories rationnelles de la pensée.

Lâchement structurées, des pièces comme *La Soirée des proverbes, Monsieur Bob'le* (1951) ou encore *L'Émigré de Brisbane* (1965) mettent en scène cette quête de la vérité, qui est en fait une quête de la vérité de soi, de la pureté de l'être et d'un idéal de vie, au prix bien souvent de la déception et de la mort. Incarnée dans des personnages mystérieux et quasi mythiques, elle est effectivement une transposition des rêves et aspirations du poète. Mais ces personnages ne sont plus alors que des fantoches, des abstractions symboliques. Prêt à renoncer à celle qu'il aime pour percer le secret de la soirée des proverbes, Argengeorge affirme : « Ce ne sont pas des hommes que je recherche dans ce lieu perdu. Mais des figures de vie qui vont bouger avec leurs clefs ! Avec leurs os, leurs bouches, et le carillon du mal et du bien à leurs chevilles. »

C'est aussi grâce à eux, car ils concentrent le comique présent dans les pièces, que le sérieux des idées se dissimule sous une certaine légèreté du ton, faite d'un mélange de fantaisie et d'humour. Les personnages secondaires ne sont-ils pas souvent l'incarnation satirique exagérée de quelque défaut humain, orgueil, avarice ou pruderie, voire d'un vice social ? L'antimilitarisme latent d'*Histoire de Vasco* (1956) donne ainsi lieu à une scène caricaturale de la rigidité stupide du règlement militaire, digne des *Gaietés de l'escadron* de Courteline. Des épisodes cocasses comme ceux des sous-officiers travestis en femme ou des espions déguisés en marronniers ponctuent également la pièce, à moins qu'il ne s'agisse de l'insolite plaisant de César conversant avec des volailles ou des chiens empaillés. Mais dans l'atmosphère de tristesse que suscite ce qui est au fond une quête tragique, le rire ne peut être qu'ambigu et l'humour change de signe.

La comédie du verbe libéré

La confiance dans la faculté d'un langage renouvelé de rendre compte de l'univers a été, depuis la dernière guerre, le dénominateur commun d'un certain nombre de dramaturges, qui se sont toutefois de plus en plus éloignés des structures traditionnelles du théâtre pour traduire, sur scène, dans une « fête des mots » (G. Serreau, *Histoire du « Nouveau Théâtre »*, Gallimard, Paris, 1966, p. 24), leur vision de la réalité. Rejetant progressivement la notion de pièce « bien faite » et d'intrigue ordonnée, ainsi que la conception réaliste du personnage, ils ont brisé le moule linguistique habituel dans leur tentative de dire enfin véridiquement, c'est-à-dire surtout autrement, cette réalité extérieure. Les modes d'expression choisis ont été à la fois variés et insolites, qu'il s'agisse du déluge verbal d'un Audiberti dans *La Fête noire* (1948) ou de la verve véhémente et sonore d'un Vauthier dans *Capitaine Bada* (1952).

Or tous ces modes sont des exemples de cette « théâtralité criée » qui, dans sa tendance expressionniste à réduire le mot, « porte moins sur l'organisation de l'ensemble, ou sur le geste, que sur la voix proprement dite, à laquelle elle redonne comme une mysticité » (M. Beigbeder, *op. cit.,* p. 151). Car, pour M. Beigbeder, elle conserve et même intensifie ce qu'il y a de métaphysique dans le théâtre. Acteurs et metteurs en scène de l'après-guerre, tels M. Vitold, Maria Casarès, P. Vaneck et bien d'autres, ont, par leur jeu, encore accentué cette prééminence de la poésie et de la voix, principal thème d'une « comédie du langage » consacrée à l'exploration des vertus et des possibilités de la langue.

❐ **La « fête des mots » : le théâtre d'Audiberti.** Audiberti a ainsi opté pour une forme de théâtre où la libération des mots exprime, dans le rejet de la bienséance et de la vraisemblance, une vision paroxystique du monde et du moi, qui met aux prises les forces opposées du bien et du mal, de l'esprit et de la chair. *Le Mal court* (1947) et *La Fête noire* (1948) sont parmi les exemples les plus représentatifs de ce théâtre de l'irréel, où l'étrangeté du mythe se cache sous le prosaïque du quotidien, dans une déréalisation délibérée des structures dramatiques conventionnelles. Aussi, devant ces compositions désordonnées, ces situations gratuites, ces dénouements arbitraires et ces personnages insaisissables, la seule impression de réalité concrète est-elle encore celle que donne le langage. Car celui-ci sait exploiter toutes les ressources sonores de la langue pour s'affranchir du carcan du système dénotatif habituel dans des effets de créativité évidents : recours aux archaïsmes, aux dialectalismes, aux néologismes et à l'argot, foisonnement des images métaphoriques, multiplication des qualificatifs et des substantifs, juxtaposition des synonymes, allongement des phrases par la digression, ou jeu avec les sonorités grâce à la répétition des phonèmes dans l'allitération ou l'assonance, tous les moyens sont bons pour noyer le spectateur sous un déluge verbal où la « parole [faite] chair » (M. Corvin, *Le Théâtre nouveau en France*, 6e éd., P.U.F., Paris, 1987, p. 26) se donne pour la réfraction d'un univers imaginaire.

Tout en cherchant à traduire sa vision manichéiste du monde en surva-lorisant les signifiants et en manipulant la syntaxe, Audiberti se plaît à exploiter toutes les formes existantes de la comédie et à mêler les tons pour créer une atmosphère baroque où le rire se donne pour le complément de la souffrance et de l'amertume. Mi-burlesques, mi-tragiques, des pièces comme *Quoat-Quoat* (1946) ou *Le Mal court* recourent ainsi systémati-quement à un rire incongru, déplacé, en traitant sur le mode fantaisiste (comme dans l'épisode épico-farfelu de la chasse à la Bête à l'acte II de *La Fête noire*), ou farcesque et cru, les questions graves de la mort, du mal et du bien. Ces ruptures de ton sont le moyen ludique pour Audiberti de prendre ses distances par rapport à la vraisemblance et d'accentuer le caractère d'irréalité, sinon d'artificialité de ses œuvres. Incapable de croire aux situations comme aux personnages, qui trompent leur angoisse et leur souffrance par un délire de mots, le spectateur échappe du même coup au piège de l'émotion devant un spectacle qui, sans rire calculé qu'il sus-cite, aurait pu facilement tendre au drame.

❐ **Des mots aux cris.** C'est d'un mélange semblable du tragique et d'un bouffon volontiers truculent, indifféremment source de pleurs et de pathé-tique ou de ricanements ironiques, et d'un contraste identique, quoique plus appuyé encore, entre les envolées lyriques du personnage et le réa-lisme terre-à-terre du dialogue, que s'accompagne chez Jean Vauthier le déluge de mots de ses pièces. En effet, bien que contemporain du théâtre dit « d'avant-garde », Vauthier se rapproche plutôt d'Audiberti par sa conception d'un théâtre essentiellement verbal, « frénétique », qui se

« soûle de mots et de cris, et trouve en eux sa satisfaction, son épuisement, sa fin dernière » (G. Serreau, *op. cit.*, p. 138). Amoureux du langage, Bada, le protagoniste de *Capitaine Bada* (1952), vit littéralement pour parler.

La verve véhémente de Bada, faite de logorrhée et de trivialités choquantes mais aussi d'élan lyrique et d'images magnifiques, représente dans ce théâtre la tentative du personnage – et de l'auteur – pour donner corps à une réalité intérieure, celle d'un moi assoiffé d'absolu et en lutte avec lui-même. L'antagonisme grotesque qui l'oppose à l'autre, la femme, n'est dès lors que la transposition d'un combat intime pour échapper à l'engluement du quotidien et pour réaliser ses potentialités comme écrivain. La bouffonnerie cache un combat héroïque, mythique même, et qui se veut pathétique.

Avec Vauthier, la comédie du verbe se libère véritablement du schéma dramatique conventionnel. L'action scénique a disparu, remplacée désormais par une structure abstraite, conçue selon un rythme auditif et visuel, que régissent les paroles et les mouvements des protagonistes. Les indications scéniques ne laissent aucun doute à ce sujet. Vauthier écrit ainsi que :

> L'œuvre vise donc à une poésie dramatique qu'il ne faut pas chercher dans les réactions des personnages devant l'événement, mais au contraire, dans la « sécrétion » de l'événement par les états d'âme des personnages.
> Il s'agit ici d'un duel vécu sur les quelques mètres carrés d'une scène. L'événement tourne en rond et dicte des figures rythmées que des ruptures d'intentions, de langage ou de ton (sardonismes, violences, lamentations) font cesser ou reprendre. (*Capitaine Bada*, II).

Dans ce nouveau cadre, les modulations et les sonorités de la parole comptent désormais autant sinon plus que son sens, et le discours procède sur fond de bruits, de stridences et de sons musicaux divers. Le verbe ne se suffit plus à lui-même et la comédie est en passe de s'engager dans une autre voie (voir *infra*).

❑ *Un langage inventé : « le génousien ».* Plus traditionnel dans ses conceptions dramatiques, mais également désireux de rendre au langage ses vertus créatrices et poétiques, Obaldia préfère remplacer le parler quotidien par un langage de fantaisie entièrement inventé, le « génousien », dont la nécessité s'impose du fait même de l'obstacle à la communication que constitue le langage ordinaire. En effet, comme l'explique Hassinger dans *Génousie* (1960) :

Le pire des malentendus vient peut-être de ce que nous parlons la même langue. Nous ajoutons à la confusion en persistant à croire que le mot dit par Pierre correspond au mot dit par Paul. Voyez ce que cela donne dans les familles ! Si le père parlait turc, la mère esquimau ; un ou deux enfants dongo et bambara, il existerait certainement beaucoup moins de disputes, de scènes regrettables allant jusqu'à l'exaspération de chacun des membres, de... de...

Véritable langage du rêve et de l'amour, de l'ingénuité romantique, il sert aux amants à se comprendre et à s'entendre, le temps d'un regard, l'espace d'un instant, car c'est sur un langage non verbal de mimique familière qu'il repose. Et parce qu'il est également un langage poétique, aux sonorités douces et légères, le génousien participe à l'effet d'ensorcellement verbal que crée la pièce tout entière en cherchant à faire rendre un son nouveau à la langue ordinaire, par l'exploitation, entre autres, du pouvoir évocateur des mots et des rythmes du dialogue.

Cette éblouissante facilité verbale, dont Obaldia fait preuve dans toutes ses pièces, l'entraîne aussi fréquemment du côté de la parodie textuelle, sur base de dictons et de proverbes populaires, comme de vers et d'airs d'opéra célèbres. La structure dépouillée de ses *Sept Impromptus à loisir* – « Trois personnages au maximum, chaque décor réduit au squelette, le temps d'un sein nu » – facilite d'ailleurs ce repli de l'œuvre sur ses possibilités linguistiques. C'est elle aussi qui le pousse aux jargons cocasses, comme ceux des Indiens dans *Du Vent dans les branches de sassafras* (1965), et aux discours absurdes du *Cosmonaute agricole* (1965), où la parole s'engendre elle-même par simple écho phonique ou par association d'idées, d'une manière qui n'est pas sans rappeler la méthode adoptée par Ionesco dans *La Cantatrice chauve* (1950, voir chap. 7) :

> Vide refermé sur le vide, vide à craquer. Rien ne craque. Un chien n'aboie pas. Ouate. Ouate... Ions ! Ions ! Matrice. Motrice. Vague d'amantes. D'amiante. Le Pôle – tout bleu – couvert de rats. Saint Pierre la tête en bas. Max, mon copain. Sans pain. Le copain sans pain. Un homme. Une pomme. Bleu. L'homme Bleu. En deuil. Jupiter dans l'œil, dans l'axe. Œil cratère. Terre ! Terre ! lune. Bleue... Une, deux... Une, Dieu.

Mais ce dérèglement du langage, auquel l'histoire sert en fait de prétexte, n'a pas la violence menaçante ni l'humour accusateur de celui des pièces de Ionesco. Il est bien plutôt désinvolture, légèreté, fantaisie, mélange d'envolées poétiques et des notes discordantes de l'ironie.

Les pièces d'Obaldia sont très souvent drôles, d'une drôlerie irrésistible même car, à la cocasserie verbale, Obaldia ajoute le goût du saugrenu et de l'effet de surprise. Dans *Édouard et Agrippine*, c'est le jeune voyou cambrioleur qui s'affole de voir sa victime morte d'un arrêt cardiaque, tandis que le mari le remercie avec force politesses et sang-froid ; et dans *Génousie*, il paraît tout naturel de voir les morts se relever, les terroristes lancer des œufs durs pour les faire exploser, et les voyageurs s'empêcher de jeter des enfants par la fenêtre pour ne pas blesser les ouvriers.

Or, même facile, le rire n'est pas gratuit et recouvre parfois une satire des horreurs et des ridicules du quotidien. *Génousie* esquisse ainsi le tableau moqueur d'intellectuels distingués qui se réunissent pour « s'entre-regarder penser » (J. Lemarchand, *L'Avant-scène*, n° 320, 1960) ; tandis que, dans la « comédie satirique et morale » du *Satyre de la Villette* (1963), c'est une dénonciation de certains comportements sociaux que recouvre l'amusante chasse au satyre, qui passe par la rencontre d'un « satyre de service », arborant front cornu et petite queue, et jouant du pipeau, le renversement inattendu des situations dans les rapports d'une gamine délurée et d'un brave homme inoffensif, et la découverte du vrai coupable sous les traits d'un vieux monsieur « respectable » au nom révélateur de Paillard. Le farceur est aussi un moraliste. Et la comédie du langage, qui a dépassé le cadre linguistique pour jouer avec les procédés et les thèmes du théâtre de l'absurde, revient alors à des préoccupations plus classiques.

Musique et silence :
Jean Tardieu et la « comédie du langage »

Tandis que, dans le théâtre d'Audiberti et celui de Vauthier, l'exploitation des richesses de la langue ne s'est pas dissociée d'une reconnaissance, même seconde, de sa fonction de communication, chez un auteur comme Tardieu, la comédie du langage a fini en revanche par privilégier ouvertement les sonorités et le rythme de la parole sur son sens – tendance déjà présente chez Vauthier. Tardieu fait ainsi dire au chœur de *Conversation-Sinfonietta* (1951) que les acteurs « ne joueront pas le *sens* de ce qu'ils disent, comme des comédiens, mais le *son* comme des instrumentistes ». Il n'est alors jusqu'aux plus banales platitudes du langage ordinaire qui ne trouvent une place dans le texte du fait de la musicalité et de la poésie latente de leur formulation. Et nullement, comme chez Ionesco et les représentants de l'absurde, en vertu de leur potentiel comique, destructeur de la valeur du langage comme instrument de communication (voir chap. 7). Le fréquent usage, à intervalles choisis, de la répétition de ces platitudes concourt d'autre part au développement des effets rythmiques, que viennent souligner les modulations de l'expression en intensité et tonalité, contrepoint dans le passage ci-dessous aux échanges des solistes.

B1

Bonjour Madame !

C2

Bonjour Monsieur !

B2

Bonjour Madame !

B1 et B2, ensemble, crescendo.

Bonjour Madame !

C1 et C2, ensemble, forte.

Bonjour Monsieur !

B1 et B2 et C1 et C2 continuent à se donner la réplique en sourdine, sur un ton égal, monotone, très martelé : « Bonjour Madame », « Bonjour Monsieur », pendant que le ténor et la soprano, qui se sont levés, échangent leurs répliques, très « en dehors » et avec un phrasé émouvant.

T

Bonjour Mademoiselle ! Comment allez-vous Mademoiselle ?

Aussi le langage théâtral va-t-il emprunter désormais à l'art musical, et les pièces se rapprocheront, par leur structure, de compositions symphoniques, construites selon un rythme auditif mais également visuel. En effet, la voix y sert d'accompagnement à des gestes qui « sont parfois ceux "de la vie", mais [qui] tendent néanmoins vers le ballet, à moins qu'ils ne le soient authentiquement » (J. Vauthier, *Capitaine Bada*). L'action se traduit ainsi, dans la pièce de Vauthier, par les évolutions sur scène des protagonistes, les « figures rythmées » qu'ils dessinent en accord avec les modulations de la parole.

La structure de *Capitaine Bada*, que ponctuent en outre des indications scéniques du genre « entrée lyrique », « crescendo », « lamento » ou « changement de rythme ou de ton », de même que celle de *L'A.B.C. de notre vie* (1959) de Tardieu, reproduisent la composition d'un concerto : « le soliloque du "protagoniste" [y] fait équilibre avec une masse de voix anonymes ("le chœur") et tantôt alterne avec cette masse, tantôt lui fait écho, tantôt s'y superpose – bref, joue un rôle analogue à celui de l'instrument concertant par rapport à l'ensemble orchestral ». Ailleurs Tardieu parlera d'« oratorio parlé ». Les titres mêmes de ses œuvres sont évocateurs. Citons ainsi *La Sonate et les trois messieurs* (1955) ou *Conversation-Sinfonietta* (1951), réunies dans son *Théâtre de chambre*, ou encore *Rythme à trois temps* (1958), paru dans *Poèmes à jouer*.

D'autre part, les thèmes que développent ces pièces, « à la manière des thèmes musicaux dans une œuvre symphonique, sont exposés, développés, enchevêtrés selon un plan purement formel et les rapports qu'ils entretiennent entre eux, échappant à l'art du dialogue, obéissent à des préoccupations de rythme, d'alternance des mouvements, d'opposition des effets, qui sont empruntés à l'art musical » (Note complémentaire, *L'A.B.C. de notre vie*). Les mots eux-mêmes perdent leur valeur signifiante et ne valent plus que par leurs qualités sonores : en effet, « les mots sont plutôt des notes de musique ou des touches de couleur que des vocables » (Remarques, *L'A.B.C. de notre vie*).

Devant l'importance accordée à la parole en tant que sonorité et modulation de la voix, le personnage, l'acteur finissent même par disparaître et c'est *Une Voix sans personne* (1956). À la limite, comme le fait remarquer M. Corvin (*op. cit.,* p. 32), ce théâtre s'abolit dans le silence en tant que plus haute expression du langage : « Très peu de mots. Très peu de gestes. [...] parti pris de stricte mesure, qui va jusqu'au bord du silence » (Argument, *Rythme à trois temps, in : Poèmes à jouer,* 1969).

L'exploration des vertus du langage, qui peut s'accompagner chez Tardieu d'une reconnaissance, non exempte d'humour, de ses limites dans sa capacité à dire (voir chap. 7), reste ici purement esthétique, abstraite et éloignée de toute considération métaphysique. Elle est avant tout joie et plaisir de la manipulation de l'expression. Elle représente ainsi l'achèvement d'une expérimentation avec le langage théâtral qui, partie d'une volonté de reproduction « réaliste » du badinage mondain, a fait de la prise de conscience des insuffisances de la langue ordinaire, le point de départ d'un renouvellement fantaisiste de l'expression par sa réduction au cri, au son ou au rythme. À la communication d'une expérience intime de l'être ou de l'intuition d'un au-delà mystique, a de même succédé un moment de pure jouissance esthétique, né des ressources musicales de la langue.

Or, au moment où le langage renonce ainsi à sa fonction de communication d'un sens pour privilégier l'impression ressentie, la comédie du langage s'ouvre à une union harmonieuse de la littérature avec les arts de la musique et de la danse, qui renoue avec ce « théâtre total » dont la comédie antique avait su donner l'exemple et qui hante depuis la conscience dramatique.

TEXTE

■ Texte et représentation

Privilégier, au théâtre, le texte littéraire comme premier c'est, ainsi que nous le rappelle Anne Ubersfeld, non seulement faire de la représentation théâtrale la traduction fidèle de ce texte, mais aussi le fermer et le figer en une lecture unique et particularisante.

La première attitude possible est l'attitude classique « intellectuelle » ou pseudo-intellectuelle : elle privilégie le texte et ne voit dans la représentation que l'expression et la traduction du texte littéraire. La tâche du metteur en scène serait donc de « traduire dans une autre langue » un texte auquel son premier devoir serait donc de rester « fidèle ». Attitude qui suppose une idée de base, celle de *l'équivalence sémantique* entre le texte écrit et sa représentation ; seule changerait la « matière de l'expression », au sens hjelmslevien du terme, contenu et forme de l'expression restant identiques quand on passe du système de signes-texte au système de signes-représentation. Or, cette équivalence risque fort d'être une illusion : l'ensemble des signes visuels, auditifs, musicaux, créés par le metteur en scène, le décorateur, les musiciens, les acteurs constitue un sens (ou une pluralité de sens) au-delà de l'ensemble textuel. Et réciproquement dans l'infinité des structures virtuelles et réelles du message (poétique) du texte littéraire, beaucoup disparaissent ou ne peuvent être perçues, effacées qu'elles sont par le système même de la représentation. Bien plus, même si par impossible la représentation « disait » tout le texte, le spectateur, lui, n'entendrait pas tout le texte ; une bonne part des informations est gommée ; l'art du metteur en scène et du comédien réside en grande partie dans le choix de ce qu'il *ne faut pas faire entendre*. [...]

L'attitude qui consiste à privilégier le texte littéraire comme premier s'identifie à l'illusion d'une coïncidence (en fait jamais réalisée) entre l'ensemble des signes du texte et celui des signes représentés. Et cette coïncidence, fût-elle par impossible accomplie, laisserait encore intacte la question de savoir si la représentation ne fonctionne que comme système de signes.

Le danger principal de cette attitude réside certes dans la tentation de figer le texte, de le sacraliser au point de bloquer tout le système de la représentation, et l'imagination des « interprètes » (metteurs en scène et comédiens) ; il réside plus encore dans la tentation (inconsciente) de boucher les fissures du texte, de le lire comme un bloc compact qui ne peut être que *reproduit* à l'aide d'autres outils, interdisant toute *production* d'un objet artistique. Le plus grand danger est de privilégier non *le* texte, mais *une* lecture particulière du texte, historique, codée, idéologiquement déterminée, et que le fétichisme textuel permettrait d'éterniser ; vu les rapports (inconscients mais puissants) qui se nouent entre tel texte de théâtre et ses conditions historiques de représentation, ce privilège accordé au texte conduirait, par une voie étrange, à privilégier les habitudes codées de représentation, autrement dit à interdire toute avance de l'art scénique.

Anne Ubersfeld, *Lire le théâtre*,
rééd. Messidor/Éditions sociales, Paris, 1982, pp. 15-17.

7

L'absurde,
ou la dérision du tragique

Poussé jusqu'à ses dernières limites dans l'esthétique réaliste de la comédie bourgeoise sous le Second Empire, comme dans l'expérience naturaliste d'Antoine au Théâtre Libre dans les années 1880 (voir chap. 4), le principe fondamental de l'imitation ou *mimesis*, avec son cortège de conventions sur lesquelles reposait la dramaturgie classique, a été remis en question, dès la fin du XIXe siècle, par une série de mouvements désireux de faire de la scène un lieu d'évasion hors de la « réalité » extérieure. Cette tentative passait inévitablement, pour certains, par une subversion des catégories esthétiques traditionnelles. En désorganisant les structures de la langue et le cadre de la perception du réel, Paul Fort et Lugné-Poe se sont ainsi efforcés, au Théâtre de l'Œuvre, de capter l'âme symboliste, tandis qu'*Ubu roi* de Jarry en 1896, suivi des *Mamelles de Tirésias* d'Apollinaire en 1917, lançait l'idée d'un « spectacle-provocation » et d'une esthétique de la « surprise » qui feraient les beaux jours de Dada et du surréalisme dans les années de l'après-guerre. Mais c'est surtout l'activité d'Antonin Artaud et de son Théâtre Alfred Jarry qui a achevé de discréditer l'ancienne dramaturgie, mise à mal par le bouleversement récent que venaient de connaître la société et les valeurs qu'elle incarnait. Avec son rejet radical du naturalisme, sa méfiance à l'égard du langage parlé, son insistance en revanche sur un langage des gestes et du mouvement, ainsi que sa volonté de retourner au mythe et aux archétypes collectifs de l'humanité, il créait un climat favorable à l'épanouissement, après la Seconde Guerre mondiale, de ce qu'il est convenu d'appeler aujourd'hui le « théâtre d'avant-garde ».

Héritier d'un demi-siècle de refus et d'expérimentation, celui-ci se définit essentiellement par réaction à la fois contre le réalisme de la pièce bourgeoise et contre l'esthétique illusionniste tout entière, dont la sclérose a fait de la scène un lieu de contrainte, coupé de ses sources vivantes. Il est avant tout protestation, opposition, rupture. Mouvement anti-littéraire, il remet en question les formes mêmes du théâtre traditionnel, basées sur une idéologie désormais contestée, rejette la notion de genre, s'attaque au concept de personnage et à la croyance à une prétendue psychologie susceptible d'en assurer l'unité et la construction logique, discrédite l'intrigue et s'interroge sur la validité et les fondements du langage, dont l'arbitraire et la faillite à appréhender le monde sont donnés comme le signe de l'effondrement même du réel et de la dérisoire tragédie de l'homme. Refusant par ailleurs au dialogue théâtral sa position privilégiée habituelle (voir chap. 6), il élargit la notion de représentation à la création d'un ensemble plus large, visant à intégrer les gestes, les objets, les bruits et les lumières.

Contestation systématique des préceptes de la dramaturgie classique, l'« anti-pièce » que propose ce théâtre est au carrefour des genres traditionnels de la tragédie et de la comédie, ou plutôt de la farce dans ce qu'elle a de plus fruste et parfois de plus grossier. Véritable tragi-comédie, elle montre dans le mélange des tons, non pas la juxtaposition d'éléments distincts arbitrairement rapprochés, mais la révélation des deux faces d'une même réalité, un double point de vue de reconnaissance du tragique dans la condition humaine et de dérision de ce tragique.

Et c'est parce qu'elle fait encore place au comique, parce qu'elle maintient, par le rire de libération qui en résulte, une distance de non-participation entre le spectateur et une représentation qui est celle, pourtant, de sa situation dans le monde, que l'anti-pièce se situe dans le prolongement de la comédie, plus encore que du drame, également partisan de la fusion des contraires, mais axé sur le principe d'identification et d'utilité immédiates. Or cette distanciation, qui nuit à l'illusion dramatique, est justement pour Brecht ce qui provoque, chez le spectateur, la prise de conscience nécessaire à l'exercice de son esprit critique. L'anti-pièce n'est plus divertissement, ni enseignement direct, mais ferment de réflexion.

Les pionniers de l'avant-garde

La notion d'« avant-garde », communément associée au théâtre des années 1950, n'est pas nouvelle. Dès la seconde moitié du XIXe siècle, en effet, s'est développé un mouvement d'avant-garde esthétique, fait du refus de l'artiste de prostituer son art en l'asservissant aux critères du public bourgeois. Cette attitude de mépris, sensible chez certains romanciers comme Flaubert, a pris au théâtre un tour plus agressif sous la plume d'un Jarry, d'un Apollinaire et, plus tard, d'un Vitrac, qui ont vu dans un recours à un spectacle-provocation, à base de mystification et d'infantilisme, le moyen de faire passer un message sérieux de remise en cause des principes de l'art dramatique.

❐ *« Merdre » ou la provocation ubuesque.* Le premier mot du protagoniste dans *Ubu roi*, en 1896, constituait une véritable attaque contre le public, qu'il insultait dans son amour-propre comme dans son attachement aux principes sacro-saints de la dramaturgie classique. S'insurgeant contre l'esthétique réaliste et naturaliste, Jarry avait dépouillé sa pièce de tout repère concret permettant au spectateur de se raccrocher à la réalité. La scène était située « en Pologne, c'est-à-dire nulle part » (Jarry, *Conférence prononcée à la création d'« Ubu roi »*, 1896), et le décor frisait l'abstraction à force d'irréalité et d'invraisemblance. On y voyait ainsi « des portes s'ouvrir sur des plaines de neige sous un ciel bleu, des cheminées garnies de pendules se fendre afin de servir de portes, et des palmiers verdir au pied des lits, pour que les broutent de petits éléphants perchés sur des étagères » *(Ibid.)*. Et, ce qui ne saurait surprendre outre mesure dans une pièce originellement conçue comme spectacle de guignol, les personnages portaient des masques qui soulignaient leur caractère éternel tout en les assimilant à des marionnettes aux gestes universellement compréhensibles, et parlaient d'une voix spéciale, qui achevait de les désincarner.

Surtout, Jarry libérait l'inconscient, l'irrationnel, en faisant de son protagoniste une incarnation symbolique des pulsions et des appétits les plus primaires et les plus bas de l'être humain – avarice, cupidité, ambition, soif de pouvoir, méchanceté, mais aussi peur et bêtise – , qui expliquaient par la logique profonde de l'instinct libéré l'illogisme apparent des conduites. Car Ubu représentait l'« instinct » à l'état pur, une fois enlevé le vernis culturel et psychologique familier, l'instinct sans âge. C'était l'inconnu, le caché, l'inaccessible mis au jour sous les traits d'un « double ignoble » du spectateur, auquel celui-ci était invité à s'identifier. Le personnage était devenu un anti-héros, aux qualités négatives et contradictoires, fait, comme l'a proclamé Catulle Mendès, de « l'éternelle imbécillité humaine, de l'éternelle luxure, de l'éternelle goinfrerie, de la bassesse de l'instinct érigée en tyrannie ; des pudeurs, des vertus, du patriotisme et de l'idéal des gens qui ont bien dîné » (*in* : Jarry, *Questions de théâtre*, 1897).

Pour mettre le comble à la provocation, Jarry tournait le dos aux bienséances, multipliant les propos obscènes ou scatologiques, accumulant les grossièretés en tous genres, et allant jusqu'à affubler son protagoniste d'un sceptre en forme de balayette pour WC, baptisé « croc à merdre ». Or c'était là remettre en cause la nature traditionnelle des rapports de l'œuvre avec son public, celle-ci étant conçue désormais non plus pour plaire, mais pour provoquer et choquer.

L'absurdité – apparente – des actes d'Ubu, la fantaisie des décors, l'incongru de maintes remarques et plaisanteries définissaient aussi un nouveau ton comique, violent et grossier, bouffon et parodique (la pièce se présentait en effet comme la parodie d'un drame historique, et notamment du *Macbeth* de Shakespeare), qui était une révolte contre une certaine conception de l'art et de la vie. En se moquant du théâtre, en le « rethéâtralisant » pour ainsi dire, en en faisant autre chose que le pur reflet d'une réalité apparente, Jarry forçait son audience à participer activement à l'acte de création dramatique. Comme il l'a expliqué dans *Questions de théâtre* : « C'est parce que la foule est une masse inerte et incompréhensive et pensive qu'il la faut frapper de temps en temps, pour qu'on connaisse à ses grognements d'ours, où elle est – et où elle en est ». Rien d'étonnant alors à ce que Dada ait pu se reconnaître dans cette démarche, tandis que les surréalistes ont été frappés par l'expression, dans la pièce, de l'inconscient refoulé qu'ils cherchaient à libérer dans leurs propres œuvres.

❐ *Apollinaire et l'esthétique de la surprise.* Marchant sur les traces de Jarry, Apollinaire devait, en 1917, dans *Les Mamelles de Tirésias*, faire du refus des conventions dramatiques, et en particulier de l'élimination de la logique et des catégories du temps et de l'espace, la base d'une nouvelle esthétique théâtrale, reposant sur l'effet de surprise par exploitation de l'inattendu et de l'inexpliqué :

> Vous trouverez ici des actions
> Qui s'ajoutent au drame principal et l'ornent
> Les changements de ton du pathétique au burlesque
> Et l'usage raisonnable des invraisemblances
> Ainsi que des acteurs collectifs ou non
> Qui ne sont pas forcément extraits de l'humanité
> Mais de l'univers entier
> Car le théâtre ne doit pas être un art en trompe-l'œil.
>
> (Prologue, *Les Mamelles de Tirésias*).

Incohérences, invraisemblances, enfantillages même concouraient à transformer en grosse farce une œuvre dont le titre était déjà une marque d'irrévérence envers l'un des plus anciens mythes de l'humanité. On y voyait un homme faire lui-même des enfants au rythme de 40 049 par jour, un nouveau-né être déjà journaliste et vouloir jouer au maître chanteur, et les seins d'une femme se transformer en ballons qui explosaient en même temps que lui poussaient barbe et moustache, comme pleuvaient les urinoirs que des comparses jetaient sur la scène depuis les coulisses. Ces situations des plus saugrenues provoquaient un rire « hénaurme » qui ébranlait la raison en créant un monde où tout était possible.

L'œuvre tout entière avait été écrite dans un esprit de mystification. Il n'est que de comparer l'affirmation pince-sans-rire d'Apollinaire dans son prologue, comme quoi il apportait au public « une pièce dont le but [était] de réformer les mœurs », en l'occurrence de persuader les Français de faire des enfants et de contribuer ainsi patriotiquement au renouveau de la France, avec le contenu même de la pièce, fait d'épisodes d'un cocasse délirant. Loin d'être soutenue, la propagande officielle en faveur de la natalité s'y trouvait bien plutôt tournée en dérision.

Or, qui dit mystification, dit aussi surprise. Et surpris, le public a dû l'être si l'on en juge par le tumulte mémorable qu'a provoqué la première représentation de la pièce. Ce qui montre par ailleurs que la mystification n'était pas gratuite, mais qu'Apollinaire cherchait, lui aussi, à obtenir la participation du public en le faisant acquiescer aux situations les plus saugrenues pour qu'il entre dans le jeu. Il cherchait également, par le biais de la surprise, mais sans toutefois recourir au symbole, à lui faire découvrir le mystère et la poésie, à le faire accéder au règne des vérités premières. Son œuvre était « surréaliste » (le terme est d'Apollinaire lui-même) au sens que lui a donné la notice du programme de *Parade* (1917), car elle entendait « peindre *plus vrai que le vrai* » (Cocteau, Préface, *Les Mariés de la tour Eiffel,* 1921) et, pour cela, ne représentait plus l'aspect immédiat, réaliste, des choses, mais traduisait la réalité. Comme le dira Genet dans *Le Balcon* (1957), « C'est une image vraie, née d'un spectacle faux ».

Dada

La volonté iconoclaste de Jarry et d'Apollinaire, leur refus de tout compromis avec les préoccupations rationnelles, morales et émotionnelles du théâtre bourgeois allaient se concrétiser dans les expériences dramatiques de Dada et du surréalisme, bien que, comme le fait remarquer H. Béhar (*Étude sur le théâtre Dada et surréaliste,* Gallimard, Paris, 1967), l'idée même de théâtre Dada, comme de théâtre surréaliste, puisse paraître paradoxale. Dada est en effet, pour beaucoup, synonyme de subversion des critères artistiques et d'opposition aux valeurs littéraires établies, jugées n'être que le reflet des mensonges et de l'hypocrisie de la société.

Or Dada est essentiellement spectacle, spectacle-provocation même, dans sa visée première de faire réagir le public traditionnellement passif des représentations théâtrales, puis de le « crétiniser » à force de cris, de bruits et d'injures diverses. Car c'est en l'amenant à vociférer à son tour, à intervenir dans le spectacle, que l'on obtient cette fameuse communication collective, qui est l'essence même du théâtre, mais qui ne se situe pas dans la participation intellectuelle ou émotionnelle de ce public à une prétendue intrigue. D'ailleurs, le recours à des personnages comme Nez, Oreille, Bouche ou Œil dans *Le Cœur à gaz* (1921) de Tzara, qui en dit long, d'autre part, sur la position de Dada quant au procédé conventionnel de caractérisation, rend ce type de participation bien improbable.

☐ *Tristan Tzara et les mots en liberté.* Puisque le langage est l'instrument de relation du spectateur à la société, l'outil de l'analyse et de la compréhension intérieures, c'est à lui que s'est attaqué Dada, rejetant ainsi la plus intouchable des conventions, celle du texte logique. Affranchi des règles de la syntaxe, dépouillé du pouvoir de signifier, réduit parfois à de simples sonorités, le langage n'est plus qu'un délire verbal qui trouve néanmoins dans son rythme ou les variations de l'intonation une certaine poésie. Le cadre prétendument dialogué des deux *Aventures célestes de Monsieur Antipyrine* (1920) de Tzara n'est ainsi qu'un prétexte à une dislocation incohérente du langage. Devenu sujet pour soi et n'imitant plus rien, celui-ci est l'émanation de la spontanéité véritable, qui permet de révéler les sources psychiques pures de l'être, de l'atteindre dans son incohérence originelle, la manifestation enfin de la liberté humaine. Comme tel, il diffère profondément de la manipulation linguistique représentée par la comédie du langage, qui est presque toujours orientée, elle, vers l'acte de communication (voir chap. 6).

Le discrédit dont est frappée la langue familière – évident dans l'emploi systématique de lieux communs inlassablement répétés, comme dans *Le Cœur à gaz* –, l'abandon des catégories habituelles de la pensée, et l'absurdité du spectacle ne sont pas dépourvus d'une certaine dose d'humour, qui est dérision de la raison et de la logique, ces deux supports habituels de l'activité de l'esprit. Les auteurs de l'avant-garde des années 1950, et notamment Ionesco, ont su s'en souvenir.

☐ *Une forme d'humour noir : Ribemont-Dessaignes.* L'iconoclasme de Dada ne s'est pas seulement traduit dans la folle libération du langage ou dans une subversion de la notion de pièce, mais aussi dans une transgression quasi nihiliste de croyances morales et de principes sociaux, où la férocité et la cruauté s'allient au grotesque de l'outrance. Ainsi, d'apparence plus classique, Georges Ribemont-Dessaignes n'a ni bouleversé la construction de ses pièces, divisées en actes selon la formule traditionnelle, ni torturé la langue, toujours signifiante chez lui. Sa volonté de dérouter le spectateur s'est marquée, en revanche, dans un violent mélange des tons, dû à une alternance des personnages comiques – comme Équinoxe et Ironique, les deux palotins bizarrement accoutrés de *L'Empereur de Chine* (1921) – , avec les figures tragiques, et à un emboîtement des scènes de divertissement et des moments les plus difficiles de l'action – on pense ainsi aux deux aides du *Bourreau du Pérou* (1926) jouant au jeu de la vérité avec Amour, avant de se livrer à une rixe sanglante qui prélude au viol d'Alcaline, la fille du bourreau. D'autre part, le caractère outrancier des scènes de violence et de sang finit par susciter une forme de comique, proche de l'humour noir. De l'avis même de l'auteur :

> Je ne sais plus du tout moi-même s'il s'agit d'une chose comique ou de tragédie : je crois bien tout de même qu'il faut opter pour le comique ; l'abondance des morts là-dedans enlève toute idée de tragique ! Celui-ci viendrait bien tout seul de certaines scènes. (*Lettre à Mme Lara,* 24 août 1926. Cité par H. Béhar, *op. cit.,* p. 172).

Une pièce comme *L'Empereur de Chine* proclame aussi la nécessité de la révolte comme étant la seule réponse possible aux conditions de vie imposées par une société pourrie, à laquelle le personnage de Verdict arrache le masque de sa laideur et de son hypocrisie, avant de la livrer au carnage purificateur :

> Tuer, tuer.
> Vous qui avez la force de donner la mort,
> Je vous embrasse. Allez.
> Destruction de ce qui est beau et bon et pur.
> Car le beau, le bon et le pur sont pourris.
> Il n'y a plus rien à faire de toute cette pourriture.
> ....
> À nu, à nu.
> Mettez les corps nus – les âmes seront peu vêtues.
> Souillez. – Il faut détruire jusqu'à leur pureté.
> Souillez tout cela, et quand ce sera souillé, coupez et taillez.

C'est le triomphe de la barbarie et de la cruauté, mais c'est aussi le triomphe de l'irrationnel sur l'ordre et la règle d'une société minée de l'intérieur. Les atrocités commises dans *Le Bourreau du Pérou* par le personnage ubuesque de M. Victor vont dans le même sens en représentant le défoulement d'une passion poussée à l'extrême, celle d'une volonté de puissance exacerbée, à laquelle ne résiste aucune convention sociale. Le monde de Ribemont-Dessaignes est un mélange de réalisme et d'onirisme cauchemardesque, qui vise à détruire tragiquement et comiquement les structures de l'humanité. Mais ce geste nihiliste d'une volonté de faire table rase de tout, n'exclut pas un espoir de reconstruction d'une humanité purifiée, bien éloigné de l'atmosphère de désespoir qui allait régner trente ans plus tard dans les pièces d'avant-garde.

Le théâtre surréaliste

❏ **Comment forcer les lois du hasard.** À la différence de Dada, mouvement avant tout de contestation personnelle, les surréalistes ont voulu dégager une esthétique à la portée de tous, mais qui ne portât pas spécifiquement sur le théâtre. Cette esthétique était aussi une redécouverte du goût du mystère et des charmes de l'inexprimable. Voilà pourquoi les surréalistes ont cherché à libérer celui-ci en dégageant les mots du carcan étymologique habituel, en les laissant jouer entre eux et produire, par leur rapprochement inattendu, une série d'images arbitraires, parfois absurdes, mais révélatrices d'une réalité mystérieuse.

Le recours à l'automatisme verbal n'est toutefois qu'une des façons de forcer les lois du hasard ; en effet les rêves ou les actes manqués contribuent également à mettre à nu les aspects cachés de la personnalité. Aussi, à une technique purement verbale de libération de l'inconscient va s'ajouter, dans plusieurs pièces, une exploitation de l'architecture du rêve. Citons ainsi *Entrée libre* (1922) de Vitrac, ou encore certaines scènes des *Mystères de l'amour* (1924) du même auteur, qui effacent la distinction entre l'état de veille et le rêve au profit de la libre activité de l'esprit, et sacrifient la vraisemblance à un défoulement de l'expérience émotionnelle. Appliquée au théâtre par des auteurs comme Aragon, Desnos ou Vitrac, l'esthétique surréaliste en a fait ainsi un univers gratuit du Verbe et du rêve, du jeu et de l'irrationnel.

❏ **Du saugrenu et du comique.** Mais un tel théâtre est aussi un théâtre de l'humour, car la pratique de l'étonnement, par le biais de l'inattendu et du saugrenu dans le langage comme dans les situations, débouche volontairement sur le comique. Sous les couleurs de la mystification et du canular, celui-ci prend à l'occasion les formes les plus rudimentaires. C'est, en effet, par un rire de grosse farce que débute *Victor, ou les enfants au pouvoir* (1928) de Vitrac, grâce aux effets de contraste absurde entre l'âge de Victor, neuf ans, sa taille d'un mètre quatre-vingts et la logique imperturbable de ses raisonnements, ou que s'effectue, à l'acte II, l'entrée d'Ida

Mortemart, dont la malencontreuse pétomanie, jurant avec sa beauté et son élégance, provoque instantanément l'hilarité générale.

Or, pareille forme de comique, née de l'absurde, de l'irruption de l'irrationnel dans la réalité la plus banale ou la situation dramatique la plus conventionnelle, joue également de la proximité de son contraire, qu'il soit drame ou tragédie. Des pièces comme *Victor* ou *L'Armoire à glace un beau soir* (1924) d'Aragon introduisent ainsi la discordance en mélangeant sans cesse les genres et les tons. Preuve s'il en est que le public n'est jamais autant désorienté que lorsque l'auteur, qui a commencé par utiliser les ressorts habituels d'un genre dramatique connu, trompe ensuite son attente en substituant à la progression attendue un élément emprunté à un autre genre.

Vitrac, quant à lui, n'exploite les thèmes et la structure d'un drame bourgeois mâtiné de vaudeville que pour mieux faire éclater l'artificialité de ses éléments conventionnels en refusant de les justifier ou en les exagérant. L'entrée d'Ida parodie ainsi par l'absurde la traditionnelle scène de reconnaissance, tandis que la réflexion comiquement déplacée du médecin – « Et voilà le sort des enfants obstinés » –, qui sert d'oraison funèbre à Victor, se substitue au dénouement moral du drame. De fait c'est l'œuvre tout entière qui repose sur des effets de tension entre le comique et le sérieux, entre le burlesque et le pathétique, inséparables de la visée parodique.

❒ *Conventions et protestation.* Autant dire que la peinture des personnages s'écarte alors de l'unité et de la vraisemblance exigées par les canons de la dramaturgie classique et post-classique. « Délibérément fausse » (P. Voltz, *op. cit.,* p. 181), elle a pour but, chez Vitrac, non plus de représenter la réalité, mais d'en mettre à nu l'absurdité et la perversion par le biais du regard, clairvoyant et impitoyable dans sa lucidité, que porte l'enfance sur le monde des adultes. Elle mène à la révélation de la vraie vie, celle que nous avons tuée en nous en sortant de l'enfance.

Vitrac se sert ainsi de ses protagonistes pour dénoncer à la fois le ridicule des conventions théâtrales et les tares de la famille bourgeoise, de même que les valeurs traditionnelles de la société, comme la religion ou le patriotisme. La dérision agressive des conventions recouvre une lutte contre la société. Cette dimension sociale de la pièce de Vitrac, en qui Anouilh a vu la véritable comédie moderne, élargissait la protestation libertaire du théâtre surréaliste, limitée ailleurs à une démarche esthétique. D'autre part, en abordant les sujets tabous du sexe et de la scatologie, acceptables dans la seule farce, en voulant choquer et provoquer son public, Vitrac assurait aussi le lien avec Jarry et Dada.

L'avant-garde des années 1950

Par leur refus du réalisme, leur remise en question du réel lui-même par le moyen du saugrenu et de la dérision, et leur volonté de libération du langage pour laisser s'exprimer l'inconscient et l'irrationnel, le théâtre Dada et le surréalisme ont ouvert la voie au théâtre d'avant-garde des années 1950, tel que l'ont illustré Beckett, Adamov et Ionesco. Également appelé « nouveau théâtre », « anti-théâtre », « théâtre de l'absurde » ou « théâtre de la dérision », celui-ci a pour principales caractéristiques une vision mi-tragique mi-burlesque d'une humanité en proie à la solitude et à la souffrance – thèmes hérités par ailleurs de l'existentialisme –, une hantise de l'absurde en soi comme autour de soi, ainsi qu'une méfiance ironique à l'égard du langage établi. Sans parler d'une opposition radicale à l'ancien système dramatique dans son ensemble.

❒ **Les refus.** Refus du didactisme, de l'engagement tout d'abord, car la pièce d'avant-garde rejette la littérature à thèse, jugée dangereuse et contraire à l'intention artistique, mais aussi refus du réalisme-naturalisme : l'art ne doit pas, en effet, calquer la réalité dans ce qu'elle a de plus banal et de plus quotidien, mais au contraire la déchiffrer et l'interpréter. Refus aussi du psychologisme et de la causalité, conceptions désormais périmées esthétiquement comme scientifiquement. Refus enfin du rôle primordial dévolu traditionnellement au langage sur la scène.

Commune à toutes les tendances du théâtre d'avant-garde et inscrite dans le cadre général d'une réévaluation des rapports entre le réel et l'imaginaire, est la remise en cause de la notion de *mimesis*, héritée de la poétique aristotélicienne ; car, miroir du réel apparent, la *mimesis* n'est plus perçue que comme un obstacle entre la scène et cette vérité première que celle-ci est censée capter. Le théâtre ne va plus refléter une réalité extérieure à lui, mais être désormais à lui-même sa propre réalité. Autonome, il ne connaîtra alors d'« autres lois que celles de [l']imagination [de l'auteur] » et d'« autres limites que celles des possibilités techniques de la machinerie » (Ionesco, *Notes et contre-notes,* p. 84). Il ne sera plus « l'image du monde », mais « à l'image du monde » (*Ibid.,* p. 213).

Cette remise en cause du précepte capital de l'esthétique classique se double d'une rupture avec les modèles dramatiques traditionnels. En effet, la pièce moderne rejette à la fois la structure « bien faite » de la pièce classique ou post-classique et la « tranche de vie » naturaliste. La notion même de genre est abolie. Ni comédie, ni tragédie, ni drame, elle est une « anti-pièce », comme l'indique le sous-titre de *La Cantatrice chauve* (1950).

Les autres pièces de Ionesco s'intitulent de même indifféremment « drames comiques », « pseudo-drames » ou « farces tragiques » : c'est que le dramaturge a tenté, dans les unes, de « noyer le comique dans le tragique » et, dans les autres, « le tragique dans le comique ou, si l'on veut, d'opposer le comique au tragique pour les réunir dans une synthèse théâtrale nouvelle » (*Notes et contre-notes*, p. 61), même si, en fait, ces éléments opposés coexistent et se repoussent mutuellement plus qu'ils ne se fondent en une synthèse véritable. Au genre a succédé le ton, dont les variations recommandées par Apollinaire dans le prologue des *Mamelles de Tirésias*, définissent l'anti-pièce comme elles ont déjà défini le drame romantique (voir chap. 4). Apollinaire n'imaginait même plus en effet que « l'on puisse supporter, sans impatience, une œuvre théâtrale où ces éléments ne s'opposeraient pas ».

Évacuant la *mimesis* et niant la distinction des genres, la pièce nouvelle rejette également la notion traditionnelle d'intrigue et d'action. Dès lors, plus d'évolution ni de progression dramatique selon une division mécanique en commencement, milieu et fin, ou une répartition artificielle en actes et scènes correspondant à des étapes bien définies de l'action. Plus de causalité non plus ; ce qui arrive n'est plus motivé ni justifié. Et, au lieu de s'enchaîner, les faits apparaissent comme simplement juxtaposés. À la logique d'un déroulement bien huilé a succédé une esthétique du hasard et du *non sequitur*.

Du reste l'anti-pièce ne raconte plus une histoire ni ne présente des événements, par définition anecdotiques, mais figure au contraire des états de conscience ou des situations fondamentales. Ionesco maintient ainsi que :

> Je n'écris pas du théâtre pour raconter une histoire. Le théâtre ne peut être épique..., puisqu'il est dramatique. Pour moi, une pièce de théâtre ne consiste pas dans la description du déroulement de cette histoire : ce serait faire un roman ou du cinéma.
> Une pièce de théâtre est une construction, constituée d'une série d'états de conscience, ou de situations, qui s'intensifient, se densifient, puis se nouent, soit pour se dénouer, soit pour finir dans un inextricable insoutenable. (*Notes et contre-notes*, p. 329)

Comme ces situations peuvent se répéter à l'infini, ceci a pour effet, d'autre part, de soustraire la temporalité théâtrale à la chronologie et à la durée. Dans *Victimes du devoir* (1953), Ionesco fait remonter son personnage dans le temps, comme il le projette également dans l'avenir. *Fin de partie* (1957) de Beckett, où Hamm et Clov rejouent à satiété la même scène, n'est qu'un morceau de temps arraché à une éternité de routine. Du reste, la structure binaire de certaines pièces de Beckett où, comme dans

En Attendant Godot (1953), un second acte (dans ce contexte, le terme d'acte même paraît erroné, il serait plus exact de parler de tableau) succède au premier, en tous points semblable au précédent, illustre la circularité ou plutôt l'inachèvement éternel de cette absence d'action. Sans commencement ni fin, le rythme éternellement recommencé de ces pièces remplace la progressive résolution d'un conflit montrée par la pièce classique.

Ailleurs c'est une dynamique de progression peu orthodoxe par intensification de la situation ou accumulation de ses éléments constitutifs, comme celle que déterminent la multiplication des chaises dans *Les Chaises* (1952) ou la prolifération des champignons et le cadavre grandissant dans *Amédée ou comment s'en débarrasser* (1954). La simple anomalie du début finit par prendre les proportions d'un fantastique ahurissant, et le *tempo* de la pièce s'accélère, s'emballe même, portant alors à son comble l'émotion des personnages, comme dans *La Cantatrice chauve* où tous finissent par s'injurier.

Rythmique ou cyclique, la technique de composition de l'anti-pièce peut également chercher à apparenter la structure de l'œuvre à celle du rêve, en morcelant le plus possible le contenu, en favorisant une progression par l'image ou en multipliant décalages et télescopages. Des pièces comme *Le Professeur Taranne* (1951) et *La Grande et la Petite Manœuvre* (1950) d'Adamov, ou *Jacques ou la Soumission* (1955) et *Victimes du devoir* (1953) de Ionesco, baignent véritablement dans une atmosphère cauchemardesque, que soulignent encore jeux de scène et effets de lumière.

D'autres dramaturges, plus ou moins en marge du mouvement, préfèrent en revanche mettre l'accent sur les ressorts dramatiques des pièces et les subvertir de l'intérieur en les prenant comme objets mêmes de la représentation. Tardieu souligne ainsi l'artificialité d'anciennes conventions telles que les apartés (*Oswald et Zénaïde*, 1951) ou les monologues (*Il y avait foule au manoir,* 1951), et remet en question la notion de transparence de l'intrigue dans *Eux seuls le savent* (1952), où l'action reste inexpliquée et, pour le coup, totalement incompréhensible. Seule la logique de la contestation ou de la dynamique propre des images, des paroles et des sons utilisés explique dorénavant l'agencement structurel des pièces. Dans « son obsession de théâtralité absolue » (R. Abirached, *op. cit.,* p. 417), l'anti-pièce finit par ne plus renvoyer qu'à elle-même et à sa technique d'écriture et de composition.

Or « Dépouiller l'action théâtrale de tout ce qu'elle a de particulier », la vider de toute justification, de toute explication, c'est aussi désincarner le personnage, le dépersonnaliser en quelque sorte, en lui ôtant pareillement les signes extérieurs et contingents de l'individualité (état civil, passé, milieu familial, appartenance sociale, cadre historique, etc.), imposés depuis Diderot, et le principe psychologique d'identité et d'unité intérieures représenté par la notion de caractère. De fait, pour Ionesco, cette notion traditionnelle du moi individuel est dépassée. En effet :

> Nous ne sommes pas nous-mêmes... La personnalité n'existe pas. Il n'y a en nous que des forces contradictoires ou non contradictoires...
> [...] Les caractères perdent leur forme dans l'informe du devenir. Chaque personnage est moins lui-même que l'autre. *(Victimes du devoir)*

C'est cet homme nouveau avec sa « psychologie dynamique », succession d'états moins continus que contigus (P. Voltz, *op. cit.*, p. 179), que l'abandon des conventions dramatiques et l'évacuation de la *mimesis* doivent permettre d'atteindre.

Une première étape de la dépersonnalisation du personnage avait déjà vu, dans *Ubu roi*, le dépouillement du type théâtral ramené à l'expression symbolique des appétits inférieurs de l'homme, à l'émanation d'un « je » primordial, commun à tous. Avec les successeurs de Jarry, il allait perdre peu à peu tous ses liens figuratifs ou allusifs à un monde aisément reconnaissable. Ainsi les personnages des *Mamelles de Tirésias* n'étaient plus que des fantoches improbables, manipulés par l'auteur, des « il » privés de toute intériorité. Il ne restait plus alors à l'avant-garde des années 50 qu'à amener ce qu'il restait du personnage « au degré zéro de la personnalité » (R. Abirached, *op. cit.*, p. 393).

En effet, inscrit dans l'incohérence d'une absence d'intrigue, dépourvu d'histoire, étranger à un milieu qui le détermine, privé d'un état civil qui l'individualise, et condamné à porter le nom de tout le monde, comme les Smith ou les Martin de *La Cantatrice chauve*, ou un prénom banal, comme Jacques dans *Jacques ou la Soumission*, voire une simple initiale, comme N dans *La Parodie*, quand il n'est pas ramené à une fonction (de Professeur, d'Élève, par exemple, dans *La Leçon*, 1951), un âge ou un sexe anonyme (le Vieux, la Vieille des *Chaises*), le personnage finit par perdre toute personnalité, toute individualité et à se confondre avec les autres personnages. Un chiffre suffit à la limite à le désigner et à le distinguer. C'est le cas notamment dans les pièces plus récentes de Foissy.

D'autre part, réduit aux mots qu'il prononce mais qui, vides de sens, n'établissent aucune communication authentique avec autrui et ne lui donnent aucune prise sur le réel, à des gestes mécaniques qu'il accomplit sans savoir pourquoi, le personnage paraît également privé d'intériorité, de cette substance et consistance internes qui feraient de son comportement le résultat d'un déterminisme psychologique. Car le « moi » a disparu avec tout ce que le terme implique de construction logique de passions, d'intérêts, de désirs et de raisonnements. Le plus souvent, il n'est qu'un signe corporel, souvent même difforme ou mutilé (on pense ainsi au trois nez de Roberte dans *Jacques ou la Soumission*, aux vieillards culs-de-jatte de *Fin de partie*, ou à l'homme-tronc de *La Grande et la Petite Manœuvre*), au même titre d'ailleurs que les autres signes qui l'entourent, objets, bruits, lumière, etc., et qui parfois l'écrasent de leur nombre et de leur taille. Véritable « être limite » (É. Jacquart, *Le Théâtre de Dérision*, Gallimard, Paris, 1974, p. 146), suscitant à la fois le rire et la pitié, le personnage ne peut alors que s'effacer devant les situations.

Ainsi mis à nu, il n'est plus le support unique d'un sens qui existe toujours mais qui ne lui appartient pas en propre et dont il est porteur comme à son insu. Et ce sens, explicité par M. Esslin (*The Theatre of the Absurd*, 1961, rééd. Penguin Books, Londres, 1991, pp. 400-401), c'est celui de l'« absurde », l'absurde satirique de façons de vivre inauthentiques, mais aussi l'absurde métaphysique de la condition humaine, du non-sens universel où elle se perd quand l'homme a rejeté les anciennes croyances. Car, dans les termes mêmes de Ionesco, « coupé de ses racines religieuses ou métaphysiques ou transcendantales, l'homme est perdu, toute sa démarche devient insensée, absurde, inutile, étouffante » (*Cahiers Renaud-Barrault*, n° 20, oct. 1957, p. 4).

❑ *La hantise de l'absurde.* Les dramaturges d'avant-garde semblent s'être en effet donné pour tâche de faire appréhender à l'homme la réalité ultime de sa condition, marquée par une double absurdité. Absurdité tout d'abord de la nature humaine elle-même, car l'homme est un tissu de contradictions psycho-physiologiques, et d'une vie familiale et sociale régie par des conventions grotesques *(Jacques ou la Soumission)* ou des idéologies grossières mais dangereuses. On pense bien entendu à *Rhinocéros* (1959) de Ionesco, mais aussi à *Tous contre tous* (1953) d'Adamov, où le thème de la persécution des juifs n'est toutefois que le cadre d'une dénonciation plus générale de la faillite des relations humaines. Ailleurs l'accent est mis, par le biais de la quasi-déification d'une machine de jeu comme dans *Le Ping-Pong* (1955) d'Adamov, sur la vanité des efforts et la totale aliénation de l'homme en quête de faux objectifs. L'existence n'est plus qu'une torpeur végétative, et les hommes des êtres à demi-conscients, aux comportements mécaniques et au langage réifié. *La Cantatrice chauve* de Ionesco stigmatise ainsi la perte d'individualité d'êtres soumis à un nivelage abrutissant par le conformisme de l'univers petit-bourgeois. Rien d'étonnant alors à ce que plusieurs personnages de la pièce répondent au nom de Bobby Watson ou que les Martin et les Smith puissent échanger leurs répliques à la fin. Ne sachant plus ni s'exprimer, ni penser, ni éprouver quelque passion que ce soit, ces êtres sans caractère et sans visage sont interchangeables et peuvent porter le même nom.

Cet aspect de critique sociale par le biais de la satire et de la parodie – qui a poussé Adamov vers un théâtre d'engagement politique – a conduit chez Ionesco à une mise en évidence de l'incapacité de toute société à résoudre les problèmes de l'homme, et de la vacuité de toute idéologie, fût-elle de droite ou de gauche. En effet :

> Aucune société n'a pu abolir la tristesse humaine, aucun système politique ne peut nous libérer de la douleur de vivre, de la peur de mourir, de notre soif de l'absolu. C'est la condition humaine qui gouverne la condition sociale, non le contraire. (Ionesco, *Notes et contre-notes*, p. 143).

Avec son idéologie contraignante et son langage fossilisé qui nous cachent le réel, la société elle-même est, quelle qu'elle soit, la première des barrières érigées entre les hommes, l'obstacle qui empêche la réalisation même de cette communauté qu'elle est censée constituer.

Pareille dénonciation de la société non seulement en tant que réalité localisable dans le temps et l'espace, mais aussi en tant que mode d'organisation en général des rapports humains, débouche sur une mise en cause de la réalité elle-même et de sa signification ultime. Beckett, Adamov et Ionesco ont fait la même expérience d'une absurdité plus profonde, celle de la condition humaine dans un univers privé de sens ; car même si ce sens existe, il reste caché et inaccessible à l'intelligence humaine. Et c'est de cette perte du sens, ou plus exactement de la prise de conscience de sa disparition ou de son inaccessibilité, que naît le tragique, notamment chez Beckett et Adamov.

Beckett souligne, dans ses pièces, ce tragique de la quête sans fin d'un sens dans un monde où tout est incertain et mouvant, et où le passage du temps rend plus difficile encore la connaissance de soi et de son être. L'attente, par les deux clochards Vladimir et Estragon, de ce Godot qui ne vient jamais, pourrait bien être celle de quelqu'un ou de quelque chose qui arrêterait enfin cette fuite inexorable du temps et par qui tout prendrait un sens, permettant de résoudre l'énigme de la personnalité humaine. *Fin de partie* est de même l'histoire d'une attente, mais d'une attente qui touche peut-être cette fois à son terme. D'ailleurs la pièce ne comporte qu'un seul acte qui, à la différence des deux actes symétriques d'*En attendant Godot*, montre « le ralentissement d'un mécanisme jusqu'à son arrêt final » (M. Esslin, *op. cit.*, p. 62). Comme l'espère Clov, « Fini, c'est fini, ça va finir, ça va peut-être finir ». Or ce terme final, que concrétise la mort ou tout autre saut dans un néant libérateur, mais sans nom, rien ne prouve qu'il sera jamais atteint. En fait, le terme échappe toujours et, avec lui, le sens ultime de l'univers et de la présence de l'homme dans cet univers.

Ionesco, en revanche, remplace ce sentiment de vide et d'absence par celui de l'isolement et de la vulnérabilité de l'homme, sur qui s'exerce toute une série de pressions cauchemardesques, venues du dehors comme du dedans, telles celles de la sexualité et du conformisme familial dans *Jacques ou la Soumission*, et qui s'incarnent dans des objets de taille et de nombre croissants. Et partout règne la prescience de l'inévitable de la mort contre laquelle rien ne prévaut. Dans *Tueur sans gages* (1959), les arguments moraux, philosophiques et autres, avancés par Bérenger pour faire fléchir l'assassin, se heurtent à cette certitude, dont le côté inébranlable rend futiles et absurdes non seulement l'activité mais l'existence même de l'homme.

Les trois dramaturges partagent en définitive le même sentiment d'angoisse, le même pessimisme devant l'impuissance de l'homme aux prises avec un destin dont les voies sont non seulement impénétrables, mais dépourvues de signification. L'absurdité de la condition humaine est le signe de la tragédie de l'homme moderne.

❐ *Tragique et dérision.* Seul le recours à l'humour peut alors empêcher l'homme de sombrer dans le désespoir car, par l'attitude de dérision envers une réalité, autrement insupportable, qu'il suppose, il est une forme de distanciation et de libération, sinon de maîtrise :

> Pour ce qui est de l'humour il n'est pas seulement la seule vision critique valable, il n'est pas seulement l'esprit critique même, mais [...] l'humour est l'unique possibilité que nous ayons de nous détacher – mais seulement après l'avoir surmontée, assimilée, connue – de notre condition humaine comico-tragique, du malaise de l'existence. Prendre conscience de ce qui est atroce et en rire, c'est devenir maître de ce qui est atroce. (Ionesco, *Notes et contrenotes,* pp. 205-206).

C'est ce sentiment qui pousse Nell, dans *Fin de Partie*, à ironiser sur son propre sort et à affirmer ainsi que « Rien n'est plus drôle que le malheur [...]. Si, si, c'est la chose la plus comique au monde ». Le personnage contemple sa souffrance, comme s'il s'agissait de celle d'un tiers, et la juge de l'extérieur. En se dédoublant, de participant, il devient spectateur.

Comique et tragique, dès lors, sont indissociables car, bien qu'antagonistes, ils s'impliquent mutuellement et se présentent comme les deux faces d'une même réalité, le comique étant le révélateur du tragique, l'intuition lucide, par une fantaisie au fond plus réaliste que tous les réalismes, de la vraie nature des choses. Comme le reconnaît Ionesco, « le tragique se fait comique, le comique est tragique, et la vie devient gaie... la vie devient gaie » (*Victimes du devoir*). Ou, en d'autres termes, « le comique est tragique et la tragédie de l'homme, dérisoire » (*Notes et contre-notes*, p. 61).

D'autre part, loin de chercher à atténuer le contraste entre le comique et le tragique dans leurs pièces, les dramaturges de l'absurde s'efforcent au contraire de creuser l'écart qui les sépare en les soulignant chacun au maximum. Le comique sera ainsi « violemment comique » et le tragique « violemment dramatique » (Ionesco, *Notes et contre-notes*, p. 60), parce que c'est en poussant le comique à l'extrême que la misère de l'homme apparaît dans toute son ampleur tragique.

Beckett a ainsi recours à une veine comique des plus frustes et entrelarde une pièce comme *En attendant Godot* de plaisanteries grossières, d'attitudes clownesques et de gags en tous genres. Le meilleur comique est en l'occurrence le plus bas et le plus outrancier, c'est-à-dire celui de la farce ou celui de formes parallèles au théâtre, comme la pantomime, le cirque ou le music-hall, qui exploitent le plus souvent une gestuelle bouffonne. Apollinaire ne s'était-il pas déjà réclamé du style « des revues » et de « l'art populaire » dans la préface des *Mamelles de Tirésias* ? Quant à Ionesco, il choisit l'incongru, et crée un univers de fantaisie délirante des objets comme du langage, avec la prolifération ou le grossissement inattendu des uns (*Les Chaises, Amédée ou comment s'en débarrasser, L'Avenir est dans les œufs*, 1951), et le dérèglement, à force de littéralité et d'automatisme, de l'autre *(La Cantatrice chauve)*.

Ceci explique l'importance accordée à la technique du « contrepoint », fréquemment utilisée par nos dramaturges, et en particulier à l'opposition du « fond » et de la « forme » − ce qui est à proprement parler le « burlesque » − , des paroles et des gestes, des situations et des attitudes, etc. Et c'est de cet écart, de ce contraste que surgit la dérision, manière, pour l'auteur, de souligner plus d'une fois l'ironie fatale et cruelle du sort. Dans *Le Professeur Taranne*, Adamov oppose ainsi les illusions de son protagoniste sur sa valeur personnelle et la considération dont il est l'objet, au fait que personne ne l'écoute quand il parle. Légère, la dérision est ici proche de l'humour. Elle devient au contraire une ironie poignante quand, dans *Les Chaises*, le spectateur s'aperçoit que l'orateur choisi par le petit Vieux pour transmettre son message à la postérité est muet. Chez Beckett, la dérision se charge volontiers d'agressivité et de cynisme, comme en témoigne, dans *Fin de Partie*, le ricanement de Hamm qui, parodiant Shakespeare et Richard III, s'écrie « Mon royaume pour un boueux », au moment où il est pris du désir de se débarrasser de ses parents croupissant dans des poubelles. À la déception, au désespoir devant le contraste entre ce qu'il attendait de la vie et ce qu'il en obtient, le personnage répond par une ironie qui bafoue toutes les valeurs humaines comme religieuses.

Mais le rire provoqué est souvent un rire sans joie, un rire amer qui est, pour Beckett, la forme suprême du rire :

> Le rire sans joie est le rire dianoétique, de derrière le groin [...] c'est le rire des rires, le *risus purus*, le rire qui rit du rire, qui contemple, qui salue la plaisanterie suprême, en un mot, le rire qui rit – silence s'il vous plaît – de ce qui est malheureux. (Beckett, *Watt*. Cité par E. Jacquart, *op. cit.*, p. 102).

Vue sous le masque de la dérision, la vie est peut-être une farce, mais c'est désormais une farce tragique qui n'est jouée pour rien ni pour personne (J. Guicharnaud, *op. cit.*, p. 290).

❐ *L'inadéquation du langage.* Or cette vérité est trop complexe pour pouvoir être saisie par le langage et la pensée conceptuelle traditionnels. L'absurde ne s'explique pas ; il se montre en être, dans une série d'images visuelles concrètes. Ainsi s'explique chez certains dramaturges, parallèlement à la dénonciation de l'infirmité du langage constitué et à la perte de sa prééminence sur scène, la charge de sens donnée dans les pièces aux gestes, aux mouvements, aux objets, etc., tous également signifiants ; car « tout est langage au théâtre : les mots, les gestes, les objets, l'action elle-même » (Ionesco, *Notes et contre-notes,* p. 197). L'objet et le geste se substituent littéralement au mot et deviennent des signes à part entière, à la fois dynamiques – ce sont des éléments de l'action – et symboliques. La prolifération incontrôlée des objets qui encombrent la scène (comme les champignons d'*Amédée* par exemple) et l'horreur qu'elle suscite chez les personnages de Ionesco traduisent ainsi, pour M. Esslin (*op. cit.,* p. 150), l'angoisse et la solitude de l'homme devant un monde disproportionné auquel il ne sait comment faire face. Les objets sont devenus les images visibles de la peur et de l'aliénation de l'homme, la traduction de l'action en termes visuels. Beckett, quant à lui, a plutôt recours aux routines gestuelles héritées du cirque et du music-hall, comme le gag des trois chapeaux d'*En Attendant Godot*, pour communiquer sa perception de la bouffonnerie tragique de l'existence. Au renouvellement de la vision du monde correspond donc un renouvellement des moyens d'expression de cette vision.

Dévalorisé, relativisé, le langage n'est plus qu'un élément dramatique parmi d'autres. Mais c'est aussi par le biais même des mots que s'effectue la dénonciation de son impuissance à appréhender la réalité. Ayant commencé par s'attaquer au beau langage, qu'ils ont dépouillé de ses ornements traditionnels, et par introduire la langue parlée dans le dialogue, Beckett, Ionesco et Adamov ont aussi récusé le bon ton et les bienséances, ne reculant ni devant les termes argotiques ni devant les propos grossiers et scatologiques. Et surtout, ils se sont servi de l'utilisation parodique de clichés, d'idées reçues, sinon de déluges verbaux comiques de non-sens, comme celui de Lucky dans *En Attendant Godot*, pour explorer les limites du langage, constitué à la fois comme moyen de communication et comme instrument de la pensée. Ionesco, entre autres, a dénoncé le parler pour ne rien dire en montrant, dans *La Cantatrice chauve*, comment la communication entre les hommes se réduisait à un échange de lieux communs complètement dénaturés, voire à un tissu de paroles vides de sens, générées par simple écho phonique :

- Les souris ont des sourcils, les sourcils n'ont pas de souris.
- Touche pas ma babouche !
- Bouge pas la babouche !
- Touche la mouche, mouche pas la touche.
- La mouche bouge.
- Mouche ta bouche.
- Mouche le chasse-mouche, mouche le chasse-mouche.
- Escarmoucheur escarmouché !
- Scaramouche !
- Sainte-Nitouche !
- T'en as une couche !
- Tu m'embouches.
- Sainte-Nitouche touche ma cartouche.

Réifié, car les signes ne renvoient plus qu'à eux-mêmes dans cette littéralité de l'expression, le langage est en train de mourir, et cette mort du langage entraîne celle de toute communication entre les hommes. Dans *Jacques ou la Soumission*, il dégénère, à la fin de la pièce, en répétition de la seule syllabe « cha », puis en cris quasi animaux. Désarticulé, le langage sert à dire la totale faillite du langage à exprimer quoi que ce soit. Le silence est dès lors la seule solution possible. Aussi l'orateur choisi par les petits vieux des *Chaises* est-il effectivement muet, à moins que la prolifération des mots, comme dans *La Cantatrice chauve*, ne soit un moyen de plus de marquer l'aliénation d'êtres isolés par l'instrument même de communication. Cependant, dans le vertige de la solitude et de l'absurdité du monde, il représente encore un lien, malgré son inanité, pour les clochards d'*En Attendant Godot*, qui s'accrochent à lui comme à l'ultime planche de salut.

Métaphysique, dans la mesure où être et dire ne coïncident pas et où les mots ne représentent pas les choses, cette dénonciation du langage, que les dramaturges de l'avant-garde ont voulu sérieuse, est également une excellente source de comique, délibérée ou non, qui exploite toutes les potentialités de l'inattendu et de l'absurde. À la réaction du public, qui avait trouvé la pièce gaie et comique à la représentation, Ionesco a ainsi pu opposer son interprétation originelle de *La Cantatrice chauve* comme « la tragédie du langage » (*Notes et contre-notes*, p.159). L'anti-pièce est bien dans la lignée de Dada et du théâtre surréaliste.

Les nouvelles générations de l'avant-garde

Par ses refus de toute détermination extérieure et par son attitude de dérision envers le tragique et l'angoisse nés de l'intuition de l'absurde, l'anti-pièce ou comédie d'avant-garde ne paraît guère avoir défini une formule stable et susceptible de se répéter. De fait, les auteurs des nouvelles générations, s'ils lui ont emprunté certains thèmes et techniques, ont dans l'ensemble suivi d'autres voies plus ou moins originales. Cependant tous n'en ont pas moins continué de voir dans des œuvres tragi-comiques, qui refusent les conventions de la pièce bien faite et érigent en système la fantaisie et l'irrationnel, le moyen de provoquer le public en le choquant par la transgression des tabous les plus absolus de la culture et de la société occidentales.

❑ *Le culte de l'insolite.* L'insolite, de plus en plus déconcertant, est ouvertement devenu celui du rêve, d'un rêve éveillé libérateur de l'inconscient, qu'il s'agisse de l'œuvre surréalisante de Weingarten, qui définit une atmosphère onirique d'angoisse et de violence, où la réalité la plus banale prend des proportions fantastiques, des personnages complètement amoraux et marginaux d'Arrabal, qui cristallisent peu ou prou les désirs et pulsions inavoués de leur auteur, ou encore, plus près de nous, du bestiaire monstrueux et délirant de Copi, métaphore incarnée d'obsessions et de fantasmes cruels.

Qui dit rêve, onirisme, dit aussi progrès de l'« action » par juxtaposition brutale des situations, décalage des tons et des niveaux de réalité, et surtout traitement de l'insolite comme s'il s'agissait du réel le plus quotidien. Dans les termes mêmes de Weingarten :

> Le rêve ne s'annonce pas avec une pancarte : Rêve. Ce qui caractérise le rêve est justement le fort sentiment de réalité qui s'en dégage, avec seulement, au loin, en plus, la gêne assourdie que procure le *pas possible* devenu normal. (Postface, *Alice dans les jardins du Luxembourg*, 1970).

Le familier, car « il n'y a d'insolite que par rapport au coutumier »,
côtoie dès lors l'anormal sans que celui-ci soit présenté autrement que
comme tout à fait normal, sans qu'aucune transition enfin ne laisse soup-
çonner son irruption dans le réel. Dans *Alice dans les jardins du Luxem-
bourg*, l'héroïne dialogue ainsi tout naturellement avec l'occupant d'un
œuf géant, tandis que dans *L'Été* (1966), également de Weingarten, deux
enfants grandissent aux côtés de deux chats-hommes, qui se mêlent à leurs
conversations et à leurs jeux. Le spectateur ne doit en aucune façon se sentir dépaysé par une étrangeté qui l'invite à explorer et à découvrir le pay-
sage de sa propre intériorité.

❐ *Rire de la mort, ou la cruauté comique.* Cet insolite continue de faire
rire, car il s'apparente à l'humour. Dans *Alice*, le tableau du petit ménage
de Dodu à l'intérieur de son œuf géant, pourvu d'un guichet comme d'une
antenne de radio, ne saurait manquer d'amuser, de même que les situations
véritablement abracadabrantes des pièces de Copi. Mentionnons notamment, dans *La Pyramide* (1975), l'arrivée en Cadillac du rat que la reine
Inca voulait manger, ou sa métamorphose en guide pour touristes à la fin
de la pièce. Chez Copi, l'insolite repose d'ailleurs fréquemment sur le
répugnant. Témoin, dans *La Tour de la Défense* (1978), le fameux repas de
réveillon composé de serpent farci au rat, auquel vient s'ajouter la mouette
que l'on égorge dans la salle de bains. À base souvent d'obscénité et de
scatologie, la vulgarité volontaire des situations et du langage chez Copi
représente une transgression des tabous sociaux et esthétiques, qui s'accompagne d'un rire de levée d'inhibitions tel que Freud l'avait analysé.
　D'autre part, ce comique continue très souvent d'être une forme d'humour noir, faite de dérision et de violent constraste des tons, qui est « l'esprit, non de l'homme spirituel, mais de la cruauté comique »
(G. Hocquenghem, *in : Copi, Une Visite inopportune,* Christian Bourgois,
Paris, 1988, p. 82). Dans *L'Équarrissage pour tous*, Boris Vian a, dès
1950, dénoncé l'absurdité de la guerre sous les couleurs d'une farce tragi-
comique, à la fois obscène et désopilante. De même, pour s'en prendre aux
valeurs établies (comme le militarisme dans *Pique-nique en campagne*,
1952, ou le pouvoir dans *Le Tricycle*, 1953), Arrabal a choisi de recourir à
une technique de décalages et de contrepoints burlesques, mais grinçants,
mélange de « tragédie et [de] guignol, [de] poésie et [de] vulgarité » (*Le
Théâtre comme cérémonie « panique »,* 1966), qui est l'essence même de
sa conception du théâtre comme cérémonie « panique » – on aura
remarqué le jeu de mots sur « panique », à la fois référence dégradée au
« théâtre de la cruauté » d'Artaud et exploitation étymologique du préfixe
pan.

Copi fait aussi rire de tout, même de la plus terrible des situations, celle d'un malade qui voit venir la mort (tel le protagoniste-auteur d'*Une Visite inopportune*, 1988, en train de mourir du sida), car rire, c'est triompher de la souffrance et de la peur. Comme l'écrit G. Hocquenghem :

> Le théâtre de Copi, comme ses dessins, si on les regarde de près, a toujours été terrible. Les assassinats à répétition, comme dans *les Quatre jumelles*, l'infanticide dans *La Tour de la Défense*, le monstre défiguré devenu meurtrière dans *La Nuit de madame Lucienne*, sont autant de cauchemars sur scène. Mais des cauchemars où l'angoisse, tout d'un coup, est détruite par l'éclat du rire, par la joie du gag. Comme dans les trains-fantômes qu'il aime tant, de Barcelone et d'ailleurs, la peur succède au fou rire, et la panique au gloussement. Le frisson s'y confond avec le spasme d'hilarité. (*op. cit.*, p. 81).

Avec Copi, l'humour se fait sanglant et « La dérision du réel atteint son paroxysme » (J. Lavelli, *Ibid.*, p. 85). Cette forme d'humour noir, seule vraie démystification des tabous, n'est pas sans rappeler la conception baudelairienne du « comique absolu », fait de férocité, de grotesque et de violence, tel qu'il s'est incarné notamment dans la pantomime anglaise du XIXᵉ siècle. Baudelaire cite ainsi en exemple la scène finale d'une pièce où l'on voyait Pierrot guillotiné ramasser sa tête sanglante et la fourrer dans sa poche au milieu des éclats de rire des spectateurs (*De l'essence du rire*, 1855).

❒ *Vers un nouveau réalisme.* Ce type de pièce paraît conçu pour choquer le spectateur, qu'il atteint dans ses convictions et ses comportements les plus traditionnels. Or la toute nouvelle génération de l'avant-garde, Copi excepté, semble de moins en moins juger nécessaire de recourir à une technique de libération des fantasmes pour accomplir son œuvre de démystification. On remarque en même temps une tendance à ne plus désarticuler le langage pour en faire éclater l'inauthenticité. Cette nouvelle anti-pièce se veut plus réaliste, plus engagée aussi. C'est par la caricature poussée à l'extrême d'attitudes et de propos saisis sur le vif que passe désormais la dérision. Devenue satire, la mise en cause du réel, qui était chez Ionesco refus explicite et formel de s'engager, dérape et tourne à la dénonciation pure et simple d'une société d'aliénation, à une mise en accusation de l'idéologie bourgeoise et capitaliste actuelle ; car, par sa poursuite de valeurs fausses et la dégradation de la qualité de vie qui s'ensuit, celle-ci prive de sens l'existence telle que nous la connaissons. *Les Jouets* (1963) de Georges Michel présentent ainsi la totale déshumanisation de la vie quotidienne d'un jeune couple enfermé dans un cycle infernal de consommation. Et sur un mode burlesque cette fois, c'est un constat semblable des échecs et de la dépersonnalisation de l'individu que l'on retrouve dans les pièces de Foissy, comme dans celles de Forlani.

Il s'agit dès lors d'obliger le spectateur à secouer sa torpeur satisfaite, de l'empêcher de dormir (G. Michel, *Le Monde,* 26 fév. 1966), par un théâtre « anti-digestif », reposant sur une stratégie de la surprise et du choc, un théâtre du « coup de poing » en quelque sorte. Un tel théâtre est par définition engagé, mais non ouvertement didactique. En effet, comme l'écrit Georges Michel dans un article tiré de *Bref,*

> Mon ambition [...] est de changer le monde, les gens. Pour cela, il faut d'abord leur montrer comment ils vivent, comment ils parlent, en grossissant un peu, pour les aider à voir. J'insiste là-dessus : montrer et non pas démontrer... Je ne prêche pas, je montre, je dis ce que je vois. (cité par C.A. Prendergast, éd., *La Promenade du dimanche,* Methuen, Londres, 1971).

L'utilisation d'un langage dénaturé, fait de slogans et de clichés, sert même, dans *La Promenade du dimanche* (1966), à dénoncer chez le petit bourgeois la volonté de justifier l'injustifiable et le refus de faire face aux réalités de l'existence. Le langage est ici un test des attitudes morales et sociales du groupe. La dénonciation est devenue politique, tentation qui, depuis ses débuts, guette l'avant-garde et paraît être la rançon d'un élargissement d'une vision d'abord esthétique et éthique.

Si la politisation de ses thèmes menace effectivement l'anti-pièce d'une récupération par le théâtre didactique engagé, il est un autre risque que court son esthétique du refus : celui d'une classicisation, avec le temps, des œuvres et des auteurs. Finis alors la provocation et le scandale. Devenue acceptable et acceptée, jouée à la Comédie-Française et non plus sur les petites scènes périphériques, promue au palmarès des lectures scolaires, l'anti-pièce est dès lors une pièce classique.

Or « classique », elle l'était déjà au sens où, en combattant, au nom de la vérité, les anciennes formes dramatiques qui avaient cessé d'exprimer la réalité, elle cherchait à son tour à découvrir des vérités et à les dire, refusant pour ainsi dire « le traditionalisme pour retrouver la tradition » (Ionesco, *Notes et contre-notes,* p. 85). S'inscrivant ainsi dans une histoire de la comédie envisagée sous l'angle d'un progrès hégélien, en quoi différait-elle alors des autres formules comiques, expressions elles aussi d'une certaine façon de voir le monde, tenue pour seule acceptable ?

TEXTE

■ **Les deux faces d'une même réalité**

À la différence des romantiques, qui ont vu dans le violent contraste des tons le moyen de reproduire sur scène la complexité de la vie, les auteurs d'avant-garde n'ont mêlé tragique et comique que pour échapper, par la dérision, à la misère insoutenable de la condition humaine. C'est ce qu'explique Emmanuel Jacquart.

L'originalité du Théâtre de Dérision réside moins dans sa thématique que dans l'*attitude* de l'auteur envers elle (c'est ce que Roman Jakobson nomme « fonction expressive », celle-ci exprimant le comportement du locuteur envers ce dont il parle). Sur ce point de majeure importance l'avant-garde se différencie des dramaturgies antérieures. Alors que Sartre et Camus constataient l'absurdité de l'humaine condition, la déploraient et réagissaient par l'engagement, les nouveaux venus qui éprouvent le même désarroi tragique prennent du recul en se réfugiant dans la dérision. On souffre, on se voit souffrir et on ricane. Ceci se traduit alors dans la forme car on se préoccupe autant de faire œuvre d'artiste que de penseur. De son propre aveu, Beckett – dont l'érudition et la profondeur ne sont plus à prouver – cultive moins l'idée en soi que la forme originale qu'il lui imprime. En fin de compte, on aboutit donc à une double démarche où la vision métaphysique et l'esthétique sont indissolublement liées.

Si au premier abord la dérision et le tragique peuvent paraître antinomiques, en fait, tous deux résultent d'une prise de conscience de la condition humaine. Celle-ci n'offrant aucune issue, aucun espoir, est tragique pour l'intéressé. En un second temps, lorsque l'intéressé se fait *spectateur*, elle paraît absurde, donc, par définition, privée de sens. Elle s'impose alors comme une farce grotesque, comme une inconcevable moquerie – d'où la dérision. Ainsi tragique et dérision s'impliquent. Bref, tous deux constituent le verso et le recto d'un même problème. [...] Sur ce point, le Théâtre de Dérision innove. Traditionnellement, le héros représentait un point de vue unique, indivisible. Chez Giraudoux, par exemple, Électre et Égisthe maintiennent jusqu'au bout une position claire et nette, et il en est de même d'Antigone et de Créon chez Anouilh. [...] Chez les nouveaux dramaturges, le personnage principal représente un double point de vue. Nous avons donc affaire à un *mode composé* où se juxtaposent la conscience qui sent et la conscience qui se juge [...]. Le mode « subjectif » s'imbrique dans le mode « objectif ». La perception n'est pas celle du *je*, mais celle du *je* qui se dédouble en *lui*, et le juge. Pratiquement, la situation recèle une complexité plus grande encore. Il y a un perpétuel va-et-vient entre *je, lui,* et *je-lui.* Il en résulte une ambiguïté dans laquelle le critique peut se perdre.

In :Emmanuel Jacquart, *Le Théâtre de dérision,*
Gallimard, Paris, 1974, pp. 92-94.

Le retour du comique

Après la stagnation relative des années 60, qui a succédé au bouillonnement anticonformiste de l'après-guerre, la vitalité actuelle du nouveau théâtre paraît bien montrer que la comédie – ou ce qu'il en reste – n'est ni morte ni à « un carrefour d'impasses » (M. Corvin, *Le Théâtre nouveau,* p. 125). Ce qui définit aujourd'hui son dernier avatar, l'anti-pièce, c'est autant une attitude de refus des conventions dramatiques de jadis qui, après la classicisation des pionniers de l'avant-garde, Beckett, Ionesco et les autres, a paru un temps se scléroser en répétition mécanique de formules toutes faites, qu'une exigence sans cesse renouvelée d'innovation et de création.

Ce renouvellement constant, n'est-ce pas au fond l'essence même de la comédie qui, au cours des âges, n'a cessé de se transformer dans un échange fructueux mais conflictuel entre les dramaturges et leur public ? Plus encore que le drame et certes plus que la tragédie, genres par rapport auxquels elle s'est longtemps cherché une identité, la comédie a subi le contrecoup des mutations radicales du monde et de la société ; tandis que, dans des effets de réalisme ou d'esthétisme, dans le rire ou les pleurs, et en ne sachant pas toujours que « La leçon du théâtre est au-delà des leçons » (Ionesco, *Notes et contre-notes,* p. 185), elle a continué de présenter à ce public dont les goûts ne cessaient de l'infléchir, une réflexion, plus pessimiste qu'optimiste, sur l'homme et le monde, quitte alors à ne plus plaire mais à choquer et à scandaliser.

Creuset de contradictions autant qu'« école des nuances » (Flaubert, *Bouvard et Pécuchet,* 1887), la comédie en est venue à ériger ouvertement en principe structurel un dualisme longtemps implicite, celui d'une opposition entre un fond « sérieux » et un ton léger, parti pris de détachement et de non-participation. Empruntant désormais leur matière au drame et à la tragédie, à la différence de la pièce classique, qui affirmait la spécificité de ses situations et de ses thèmes, ses formules contemporaines, qu'il s'agisse de la farce, de l'anti-pièce ou de la nouvelle comédie de mœurs, se caractérisent par une attitude ludique incongrue, de dérision et de désacralisation à l'égard de cette matière à la limite du supportable, qui est plus que la simple distanciation d'antan. Seule façon de vivre le « retour du tragique » (J.-M. Domenach, Seuil, Paris, 1967), imposé par les circonstances historiques, elle est une marque de rébellion devant une fatalité sans transcendance, l'ultime soubresaut de l'intelligence humaine pour tenter d'affirmer sa liberté inaliénable, même en s'annihilant.

Mode du dérisoire, le rire comique change dès lors de signe. Ni satirique, ni, à plus forte raison, euphorique, il touche à la fois à la métaphysique et à l'éthique, car il est une réponse à la négativité de l'existence, par laquelle le spectateur est invité à rire, non pas du personnage, mais de lui-même et de sa misérable condition humaine, et à se placer hors du monde pour le dominer. Forme du désengagement, envers de l'angoisse et du désespoir, il n'en constitue pas moins l'unique règle de conduite, le seul vestige du sens et de la raison dans un univers qui les a évacués. Aussi est-il désormais indispensable à la comédie qui, sans lui, basculerait dans un tragique sans issue.

Rire « d'une façon neuve et surhumaine, aux dépens de toutes les choses sérieuses » (Nietzsche, *Par-delà le bien et le mal,* trad. G. Bianquis, coll. « 10/18 »), rire pour prendre sa revanche sur toutes les forces destructrices de l'humain, rire enfin pour se libérer du tragique qui enferme, voilà la leçon de la comédie nouvelle. Le retour du comique est aussi un humanisme, car c'est au rire, sous les espèces de l'humour noir, d'assumer dès lors le rôle de l'antique savoir :

Everyman, I will go with thee, and be thy guide.
In thy most need to go by thy side.
(*Everyman,* v. 500)

Annexes

Bibliographie sélective

■ *Ouvrages sur le rire et le comique*

AUBOUIN (Elie), *Les Genres du risible*, OFEP, Marseille, 1948.
BERGSON (Henri), *Le Rire. Essai sur la signification du comique*, F. Alcan, Paris, 1899.
BLONDEL (Eric), *Le Risible et le dérisoire*, P.U.F., Paris, 1988.
CHAPIRO (Marc), *L'Illusion comique*, P.U.F., Paris, 1940.
EASTMAN (Max), *Enjoyment of Laughter*, Simon & Schuster, New York, 1936.
ÉMELINA (Jean), *Le Comique. Essai d'interprétation générale*, Sedes, Paris, 1991.
ESCARPIT (Robert), *L'Humour*, « Que sais-je ? », P.U.F., Paris, 1960.
FOURASTIÉ (Jean), *Le Rire, suite*, Denoël/Gonthier, Paris, 1983.
GOUHIER (Henri), *Le Théâtre et l'existence*, Vrin, Paris, 1952.
LALO (Charles), *L'Esthétique du rire*, Flammarion, Paris, 1949.
MAURON (Charles), *Psychocritique du genre comique*, J. Corti, Paris, 1964.
Revue d'esthétique, numéro spécial : *Le Rire - Le Comique - L'Humour*, juillet-décembre 1950.
SAREIL (Jean), *L'Écriture comique*, P.U.F., Paris, 1984.

■ *Ouvrages généraux sur la comédie en France*

GAIFFE (Félix), *Le Rire et la scène française*, Boivin & Cie, Paris, 1931.
LARTHOMAS (Pierre), *Le Langage dramatique*, P.U.F., Paris, 1980.
LINTILHAC (Eugène), *Histoire générale du théâtre en France*, Flammarion, Paris, 1904-1911.
SOURIAU (Etienne), *Les Deux cent mille situations dramatiques*, Flammarion, Paris, 1950.
VOLTZ (Pierre), *La Comédie*, A. Colin, Paris, 1964.

■ *Ouvrages sur des périodes particulières de la comédie*

AUBAILLY (Jean-Claude), *Le Théâtre médiéval, profane et comique,* Larousse, Paris, 1975.

BAUDIN (H.), *La Métamorphose du comique et le renouvellement littéraire du théâtre français de Jarry à Giraudoux. 1896-1944,* Atelier de reproduction des thèses, Lille, 1981.

BEIGBEDER (Marc), *Le Théâtre en France depuis la Libération,* Bordas, Paris, 1959.

BRAY (René), *La Formation de la doctrine classique,* Nizet, Paris, 1974.

COHEN (Gustave), *Le Théâtre en France au Moyen Âge,* nouv. édit., P.U.F., Paris, 1948.

CORVIN (Michel), *Le Théâtre nouveau en France,* « Que sais-je ? », P.U.F., Paris, 1963.

FOURNEL (Victor), *Le Théâtre au XVIIᵉ siècle. La Comédie,* Lecène, O. & Cⁱᵉ, Paris, 1892.

GUICHARNAUD (Jacques), *Modern French Theatre from Giraudoux to Beckett,* Yale Univ. Press, New Haven, Londres, 1961.

LANSON (Gustave), *La Comédie en France au XVIIIᵉ siècle,* Revue des deux Mondes, Paris, 1889.

LARTHOMAS (Pierre), *Le Théâtre en France au XVIIIᵉ siècle,* « Que sais-je ? », P.U.F., Paris, 1980.

LAZARD (Madeleine), *Le Théâtre en France au XVIᵉ siècle,* P.U.F., Paris, 1980.

LEBEGUE (Raymond), *Le Théâtre comique en France de « La Farce de Pathelin » à « Mélite »,* Hatier, Paris, 1972.

LENIENT (Charles), *La Comédie en France au XVIIIᵉ siècle,* Hachette, Paris, 1888.

La Comédie en France au XIXᵉ siècle, Hachette, Paris, 1898.

LERAT (Pierre), *Le ridicule et son expression dans la comédie française de Scarron à Molière,* Atelier de reproduction des thèses, Lille, 1980.

PETER (René), *Le Théâtre et la vie sous la IIIᵉ République,* Editions littéraires de France, Paris, 1945-1947.

SERREAU (Geneviève), *Histoire du « Nouveau Théâtre »,* Gallimard, Paris, 1966.

■ *Ouvrages sur des formes particulières de la comédie*

ATTINGER (Gustave), *L'Esprit de la Commedia dell'Arte dans le théâtre français,* Librairie théâtrale, Neuchâtel, 1950.

BARBERET (Vincent), *Lesage et le théâtre de la Foire,* Imprimerie P. Sordoillet, Nancy, 1887.

BÉHAR (Henri), *Étude sur le théâtre Dada et surréaliste,* Gallimard, Paris, 1967.

BERNARDIN (Napoléon), *La Comédie-Italienne en France et les théâtres de la Foire et du Boulevard (1570-1791),* Editions de la Revue Bleue, Paris, 1902.

BOWEN (Barbara C.), *Les Caractéristiques essentielles de la farce française et leur survivance dans les années 1550-1620,* Univ. of Illinois Press, Urbana, 1964.

CORVIN (Michel), *Le Théâtre de Boulevard,* « Que sais-je ? », P.U.F., Paris, 1989.

DOVER (Kenneth James), *Aristophanic Comedy,* Batsford, Londres, 1972.

DUCKWORTH (George Ekrel), *The Nature of Roman Comedy,* Princeton Univ. Press, Princeton, 1952.

ESSLIN (Martin), *The Theatre of the Absurd,* Penguin Books, Londres, 1961.

GAIFFE (Félix), *Le Drame en France au XVIII\u1d49 siècle,* A. Colin, Paris, 1910.

FONT (Auguste), *Favart, l' opéra-comique et la comédie vaudeville aux XVII\u1d49 et XVIII\u1d49 siècles,* Fishbacher, Paris, 1894.

GARAPON (Robert), *La Fantaisie verbale et le comique dans le théâtre français du Moyen Âge à la fin du XVII\u1d49 siècle,* A. Colin, Paris, 1957.

GIDEL (Henri), *Le Vaudeville,* « Que sais-je ? », P.U.F., Paris, 1986.

GUICHEMERRE (Roger), *La Comédie avant Molière. 1640-1660,* A. Colin, Paris, 1972.

La Comédie classique en France, « Que sais-je ? », P.U.F., Paris, 1978.

HUNTER (R.L.), *The New Comedy of Greece and Rome,* Cambridge Univ. Press, Cambridge, 1985.

JACQUART (Emmanuel), *Le Théâtre de dérision,* Gallimard, Paris, 1974.

JEFFERY (Brian), *French Renaissance Comedy. 1552-1630,* Clarendon Press, Oxford, 1969.

LANSON (Gustave), *Nivelle de la Chaussée et la comédie larmoyante,* Hachette, Paris, 1903.

LAZARD (Madeleine), *La Comédie humaniste au XVI\u1d49 siècle et ses personnages,* P.U.F., Paris, 1978.

LIOURE (Michel), *Le Drame de Diderot à Ionesco,* A. Colin, Paris, 1973.

MARTINENCHE (Ernest), *La comedia espagnole en France, de Hardy à Racine,* Hachette, Paris, 1900.

MAZOUER (Charles) (éd.), *Farces du grand siècle,* Livre de Poche, Paris, 1992.

174

MOORE (Alexander Parks), *The « genre poissard » and the French stage of the XVIIIth century,* Columbia Univ. Press, New York, 1935.

PRONKO (Leonard), *Le Théâtre d'avant-garde : Beckett, Ionesco et le théâtre expérimental en France,* Denoël, Paris, 1963.

REY-FLAUD (Bernadette), *La Farce ou la machine à rire. Théorie d'un genre dramatique (1450-1550),* Droz, Genève, 1984.

SCHERER (Colette), *Comédie et société sous Louis XIII,* Nizet, Paris, 1983.

SCHERER (Jacques), *La Dramaturgie classique en France,* Nizet, Paris, 1950.

SCOTT (Virginia), *The Commedia dell'Arte in Paris. 1644-1697,* Univ. of Virginia Press, Charlottesville, 1990.

TALADOIRE (Barthélémy A.), *Essai sur le comique de Plaute,* Imprimerie Nationale, Monaco, 1956.

Térence. Un Théâtre de la jeunesse, Les Belles Lettres, Paris, 1972.

Index

Table

Table 185

Table 187

Table 189

Table des textes

69 c

Imprimé en France par I.M.E. - 25110 Baume-les-Dames
Dépôt légal n° 7297-10/1993
Collection n° 81 - Edition n° 01
14/4751/5